Eifel zum Fressen gern

ANGELIKA KOCH

EIFEL ZUM FRESSEN GERN Die Eifel ist die perfekte Landschaft für Genussmenschen mit unverfälschter Natur und spannenden Kulturhighlights. Wandern wird hier zum Selbstzweck. Aber mal ehrlich: Wer hat nach einer Halbmarathondistanz mit glühenden Zehen noch die Sinne frei für Schönheit und Köstlichkeiten? Echte Frei-Zeit geht anders, findet Eifelkennerin Angelika Koch. Sie gibt zu, für XXL-Wanderungen viel zu faul zu sein, außerdem Lust auf gutes Essen zu haben und zu allem Überfluss Interessantes sehen zu wollen. Alles an einem Tag. Früher hieß das Sonntagsausflug, heute sollte das am liebsten jeden Tag gehen. Aber wo gibt es dieses bukolische Rundum-sorglos-Paket?

»Eifel zum Fressen gern« ist eine kulinarisch-naturverliebte Sammlung mit Geschichten und Tipps für Unternehmungslustige, die kein Entweder-Oder wollen. Sie suchen das dreifache Ausflugsglück: entspannte Spaziergänge und moderate Touren, tolle Cafés und Restaurants, spektakuläre Sehenswürdigkeiten. Das geht!

© Dominik Scheid, Fotostudio Nieder, Daun

Angelika Koch wurde in Rheda-Wiedenbrück geboren, verlebte viel Zeit auf dem Bauernhof der Großeltern im Teutoburger Wald, studierte Soziologie in Münster und entdeckte die Eifel als ihre Wahlheimat eher zufällig. Sie war sofort schockverliebt in Land und Leute, seitdem durchstreift sie die Eifel als Tageszeitungsjournalistin und Autorin von unter anderem Krimis und Reiseführern. Außerdem macht sie mit ostwestfälischer Beharrlichkeit und aus voller Überzeugung Standortmarketing für die Eifel nach dem Motto »einer muss es ja tun«. Sie will es tun, ganz freiwillig und seit mehr als 30 Jahren zu Hause auf den Eifelvulkanen.

ANGELIKA KOCH

Eifel zum Fressen gern

**DER WILDE WESTEN
AUF DIE LECKERE TOUR**

GMEINER

Die automatisierte Analyse des Werkes, um daraus Informationen insbesondere über Muster, Trends und Korrelationen gemäß § 44b UrhG (»Text und Data Mining«) zu gewinnen, ist untersagt.

Immer informiert

Spannung pur – mit unserem Newsletter informieren wir Sie regelmäßig über Wissenswertes aus unserer Bücherwelt.

Gefällt mir!

Facebook: @Gmeiner.Verlag
Instagram: @gmeinerverlag

Besuchen Sie uns im Internet:
www.gmeiner-verlag.de

© 2024 – Gmeiner-Verlag GmbH
Im Ehnried 5, 88605 Meßkirch
Telefon 0 75 75 / 20 95 - 0
info@gmeiner-verlag.de
Alle Rechte vorbehalten
1. Auflage 2024

Redaktion: Anja Sandmann
Lektorat: Isabell Michelberger
Layout & Gestaltung: Veronika Buck
unter Verwendung der Fotos von:
©Adobe Stock: Gorodenkoff;
Schloss Bürresheim: ©Eifel Tourismus GmbH, Dominik Ketz
Druck: GGP Media GmbH, Pößneck
Printed in Germany
ISBN 978-3-8392-0126-8

INHALT

Ab in die Sommerfrische ... ein Kindheitstraum(a)	9
Die Eifel zum Fressen gern – Auszeiten für Genussmenschen	17
Kleiner Exkurs vorab – Von wegen Armeleuteküche	27
In der Eifel ist das Glück fließend – von Wasser bis Wein	35
AUSFLUG 1 Wasser mit Ausblick – Vulkane als Wasserspender	45
AUSFLUG 2 Basalt, Bier und Benediktiner – Braukunst in der Osteifel	50
AUSFLUG 3 »An apple a day ...« und ein angelsächsischer Missionar – die Südeifel hat Spirit	56
Alles aus erster Hand – Hofläden, Manufakturen und Milchtankstellen	63
AUSFLUG 4 Noblesse oblige oder die leckere Nähe zu Luxemburg	71
AUSFLUG 5 Nix zu meckern rund ums Pulvermaar	75
AUSFLUG 6 Erwin gibt seinen Senf dazu	80
Bodenständig und vom Feinsten – Spitzengastronomie	89
AUSFLUG 7 Landlust in Bemberg	93
AUSFLUG 8 Wein, Weiher und Gesang – quer durch die Vulkaneifel	99

AUSFLUG 9 Alles andere als Pech gehabt in
und um Dudeldorf — 105
AUSFLUG 10 Burgherren mit Mops und Mokka –
von Nideggen nach Schmidt — 109
AUSFLUG 11 Der Zauber von Seerosen im
Meerfelder Maar — 113
AUSFLUG 12 An der Ahr spielt ein Sternekoch
im Landgasthof mit Aromen — 116

Land macht Lust auf lecker – Landgasthäuser — 121

AUSFLUG 13 Rüben, Römer und Ritterromantik:
Auf zur Burg Eltz! — 125
AUSFLUG 14 Hoch hinaus mit Speed – Vom Eifelturm
zum Nürburgring — 128
AUSFLUG 15 Mit den Sandalen Christi und
Lamas unterwegs rund um Prüm — 131
AUSFLUG 16 Adrenalin und Achtsamkeit im Schatten
der Manderscheider Burgen — 135
AUSFLUG 17 Kulturhighlights im wilden Westen –
zwischen Clerf und Lünebach — 139
AUSFLUG 18 Kartoffeln und Klassizismus
im sanften Maifeld — 143

Süß und sinnlich – Cafés — 149

AUSFLUG 19 Wo Kaiser Karl sich bettete und
Tuchmacher reich wurden – rund um Monschau — 152
AUSFLUG 20 Schokolade, Schiefer und schäumende
Wasser – von Hambuch bis Cochem — 157

AUSFLUG 21 Windumtoste Hüttenromantik mit Sahnehäubchen – filmreife Vordereifel	162
AUSFLUG 22 Die Hauptstadt der süßen Verführungen – Daun ist viele Sünden wert	169
AUSFLUG 22 Matronen an der Quelle des süßen Lebens – Action rund um Nettersheim	176
AUSFLUG 24 Ein Traum von Arkadien – Lebenskunst im Süden der Eifel	181
Eifeler Basics zum Selberzaubern	189
Döppekooche braucht Menschen mit Sanftmut	189
Ähzesupp – klingt komisch, ist aber gesund	191
Hongslatze – Salat für alle Lebenslagen	192
Tafelspitz nach Birgeler Art – natürlich mit Senf	194
Der Turmbau zu Gillenfeld – Rote Bete plus Ziegenfrischkäse	195
Alles Gute von der Streuobstwiese – Südeifeler Apfelkuchen	197
Quer durch den Eifeler Sommergarten – Griesschnitte mit ganz viel Rot	199
Vulkanmorcheln mit Schuss	201
Haute Cuisine mit Nebenwirkung	203
Eine Art Krimidessert	203

Ab in die Sommerfrische …
ein Kindheitstraum(a)

Meine Eltern hatten einen kleinen Familienbetrieb, eine Frottierweberei, die ungemein haltbare und kuschelige Handtücher hervorbrachte. Dagegen sind die heute im Handel erhältlichen Erzeugnisse schlappe Lappen, deren Ziernähte sich mit jeder Wäsche weiter zusammenkrümmen, sodass am Ende ein klumpiger Fummel bleibt. Unsere Produkte waren dagegen echte Kleinode … und wurden auch ebenso selten verkauft. Was der Leidenschaft fürs Handwerk keinen Abbruch tat. Mein Vater webte, meine Mutter entwarf die Muster und nähte tatsächlich stabile Säume, mein Großvater verpackte. Das Ergebnis der für kitschige Melodramen filmreifen Konstellation war, dass wir nie weite Reisen unternahmen. Wer selbstständig ist, arbeitet selbst und ständig. Der Lieblingsspruch meines Opas: »Wer spart, der wahrt Westfalen Art«. Das trifft auf Eifeler übrigens genauso zu, was ich Jahrzehnte später merkte, aber es reimt sich nicht so gut.

Die Freizeit und das Geld jedenfalls reichten gerade mal für Sonntagsausflüge. Mit Neid lauschte ich in der Schule den Beschreibungen meiner Klassenkameraden, die ihre Ferien an südlichen Stränden oder in alpinen Hochgebirgen verbrachten, in schicken Metropolen oder in subtropischer Wildnis. Fernreisen waren damals etwas für Millionäre oder wahlweise haschbesessene Hippies.

Mich hingegen schleppte Papas unermüdlicher Ford Taunus zu Stippvisiten am Steinhuder Meer oder an den Externsteinen im Teutoburger Wald, zu Tagestouren an den Maschsee in Hannover oder an den Möhnesee im Sauerland. Ich bestaunte Viecher im Münsteraner Allwetterzoo, die rumpelnde Leichtigkeit der Wuppertaler Schwebebahn oder die frappierende Eleganz der Müngstener Brücke. Hochkultur im Kloster Corvey und die Historie des Hermannsdenkmals wurden mir ebenso nahegebracht wie die Botanik einer Bundesgartenschau in Dortmund oder die Weserrenaissance in Hameln. Kein bildungsbürgerliches Naherholungsziel im Teutoburger Wald und Sauerland, im Weserbergland und in der Münsterländer Bucht war vor der unaufhaltsam heranzockelnden Familie Koch sicher. Meine Mutter, die nie den Führerschein machte, saß neben dem stoisch lenkenden Vater und ermahnte ihn stets, doch langsamer zu fahren. Auch dann, wenn er sowieso nur sechzig Stundenkilometer schlich und sich hinter uns bereits eine beachtliche Karawane zwangsentschleunigter Fahrzeuge gebildet hatte. Ich saß im Fond, blickte ab und zu durch die Heckscheibe in die wutstarrenden Gesichter der Nachfolgenden und kotzte ebenfalls ab und zu in die zu diesem Zweck eigens mitgebrachte Tüte. Am liebsten dann, wenn mehrere Kurven hintereinander mit abrupten Brems- und Anfahrmanövern meines gemaßregelten Vaters eine Art Seekrankheit verursachten.

Ganz unschuldig an der Rebellion meines Magens gegen die Zentrifugalkräfte war wohl auch die in Tupperdosen und Henkelmann – für jüngere Leser: ein luftdicht abschließbares Metallbehältnis zum Transportieren von Mahlzeiten, jahrzehntelang haltbar (das Behältnis, nicht die Mahlzeit) und darum ökologisch von angenehm schmalem Fußabdruck – mitgeführte Hausmannskost nicht. Das Ziel des Transports: Vermeidung von kostenintensiven Restaurant- und Cafébesuchen. Das Ergebnis des Transports, außer sporadischer Übelkeit: heftige Sehnsucht nach Restaurant- und Cafébesuchen, koste es, was es wolle.

Die Sehnsucht blieb zumeist unerfüllt und der Body-Mass-Index verharrte zwischen hager und dürr. Denn nicht nur anlässlich von Ausflügen, sondern tagtäglich war der Konsum der hausfraulichen Bemühungen um Nahrungszubereitung eher diätmotivierend. Meine Mutter hatte viele Fähigkeiten. Sie konnte wunderschöne, ellenlange Gedichte über Blumen, Bäume, Schmetterlinge, Heuernte oder Fachwerkhäuser schreiben. Sie hatte einen extrem grünen Daumen, was einen dschungelartigen Zimmerpflanzenbewuchs sämtlicher Fensterbänke und ein stets dämmriges Licht im ganzen Haus zur Folge hatte. Sie konnte fotografieren, sodass gefühlt jeder einzelne Lamettastrang auf dem alljährlichen Weihnachtsbaum, jede einzelne Primel im Garten und jede einzelne missgelaunte Mimik der pubertierenden Tochter, die ich irgendwann war, bildlich festgehalten wurde. Eines konnte sie anerkanntermaßen nicht: kochen. Man hatte sie, eine an Wiesen und Wälder gewöhnte Bauerntochter, zum Erlernen der Küchenfertigkeiten auf ein weit entferntes Hauswirtschaftsinternat geschickt, wo sie offenbar ein inneres Bollwerk aus Widerwillen gegen weite Teile des Unterrichtsstoffs entwickelte.

Wenn ich nach der Schule heimkam und das Mittagessen auf dem Tisch stand, geschah dies selten ohne Murren meinerseits. Die Antwort war jedes Mal der leidvolle Hinweis meiner Mutter, dass sie doch stundenlang am Herd gestanden habe, und nun ... Es begab sich, dass ich mit Blick auf einen in Mehlschwitze ertrunkenen Brei antwortete, es sei besser gewesen, sie hätte nicht stundenlang da gestanden, sondern nur minutenlang, denn dann könnte man das Gemüse wenigstens noch als solches identifizieren. Es dauerte ein paar Tage, bis wir wieder miteinander sprachen. In der Folge gab es des Öfteren Dosen- und Tütensuppen oder Fischstäbchen.

Als ich viele Jahre später, längst schon in der Eifel, in einer Gemeinschaft mit rund anderthalb Dutzend Menschen aller Altersklassen lebte, war jede und jeder nach Rotationsprinzip mal mit Kochen dran. Wir hatten uns ökologische Lebensweise auf die Fahnen geschrieben, was eine vegetarische Vollwertkost umfasste. Für unvorbereitete Gäste bedeutete dies bisweilen eine abrupte Umstellung der Verdauung, welche das Gedärm in Aufruhr versetzte und die täglichen Ruhemeditationen zu einer anal sehr verkniffenen Angelegenheit machte. Nicht immer gelang die Zurückhaltung, und es umwehte uns dann ein geräuschvolles Lüftchen. Ich hingegen war nach wenigen Wochen akklimatisiert und konnte es genießen. Nie vergessen werde ich die Kochkunst von Anita, die das als Beruf von der Pike auf gelernt hatte. Oder von Petra, einer gelernten Apothekerin, die sich mit Hingabe dem Studium von Rezepten widmete und sie mit Geschick verwirklichte. Plötzlich schmeckte Gemüse nicht nach pürierter alter Socke, sondern tatsächlich nach etwas mit Vitaminen, Aroma und Konsistenz.

Jedes Mal, wenn ich mit Kochen an der Reihe war, fiel mir jedoch auf, dass sowohl Gäste wie Gemeinschaftsmitglieder offenbar rappelvolle Terminkalender hatten. Die eine musste zum Zahnarzt, der andere zum Einkaufen in eine weit entfernte Stadt. Auch plötzlich auftretende und am Nachmittag bereits wieder gelinderte Beschwerden griffen um sich, vornehmlich Bauch und Magen betreffend. Und so musste ich nicht Unmengen Spaghetti weichkochen und dazu eine blubbernde Pampe aus zwei bis drei verschiedenen Käsesorten plus Sahne und Pfeffer zur Illusion von Sauce verrühren. Sondern nur einen kleinen Topf voll, also für mich selbst und die zwei oder drei Leute, die nun wirklich von Hunger getrieben waren. Ich ahnte, dass ich das kulinarische Erbe meiner Mutter nicht hatte abstreifen können, das Kindheitstrauma wirkte fort.

Als respektable Ehefrau eines respektablen Regionalkrimiautors erkundete ich wiederum Jahre später an seiner Seite die Gastroszene der Eifel. Ich weiß bis heute nicht, ob meine erst nach der Scheidung entwickelte Fähigkeit zum Kochen ohne größere Schäden an Mensch und Material dafür den Ausschlag gab ... für die exzessiven Restaurantbesuche oder für die Scheidung oder beides. Seitdem weiß ich jedenfalls, dass die Eifel Genuss und Essgelüste auf wunderbare Weise erfüllen kann. Und auch die kindliche Prägung, dass ich keinen Flieger besteigen muss, um ins Staunen zu geraten, ist zum Heimvorteil geworden. Ich will wieder Sonntagsausflüge!

Die Eifel zum Fressen gern – Auszeiten für Genussmenschen

Vermutlich hast Du auch schon mal jemanden zum Fressen gerngehabt, »zum Anbeißen« und süß gefunden. Du hast einen knackigen Hintern bewundert oder den klammheimlichen Wunsch gehegt, die Haut des Gegenübers Zentimeter für Zentimeter abzuschlecken. Die Literatur ist voll von solchen Anwandlungen, der christliche Glaube auch. In Form von Hostien nehmen Katholiken den Leib Christi zu sich. Ein bisschen Kannibalismus gehört zum Lieben dazu, jedenfalls gedanklich. Zum Glück meinen wir es nicht ernst, selbst wenn wir bisweilen finden, dass da jemand eine echte Sahneschnitte ist. Aber im übertragenen Sinne möchten wir so ein geliebtes Wesen doch gern anknabbern, es uns einverleiben und miteinander verschmelzen – Inbegriff der romantischen Amour fou. Seit dem Mittelalter ist die Redewendung belegt, dass man jemanden zum Fressen gernhaben kann. Es gab sogar mal den Begriff »fresslieb« für besonders appetitliche Zeitgenossen.

Tiere sind da wenig zurückhaltend. Ich hatte einen schwarzen Kater namens Joey, dessen innigste Gunstbezeugung es war, meinen Arm fest zu umklammern, sodass jeder Fluchtversuch Kratzwunden zur Folge gehabt hätte, und mich dann so hingebungsvoll wie unerbittlich zu lecken. Die Aktion hatte aus meiner menschlichen Warte eher zweifelhaften Charme. Gut gemeint ist ja nicht immer gut gemacht. Es war jedoch unmissverständlich: Joey hatte mich Dosenöffner zum Fressen gern.

Aber kann man gleich eine ganze Landschaft zum Fressen gernhaben?

Man kann, sogar buchstäblich. Dabei muss man nicht so weit gehen wie ich in den ersten Monaten meines Eifeldaseins. In jugendlichem Experimentierwahn verschlug es mich in einem frostigen Dezember zu einer indianischen Schwitzhüttenzeremonie auf einer einsamen Lichtung hoch über dem Flüsschen Kyll. Ein Dutzend mehr oder weniger vernunftbegabte Menschen allerlei Geschlechts wurden in der Zeremonie, die eine Mischung aus Saunagang und Gottesdienst ist, auf Temperatur gebracht. Schweißtriefend und nach Luft schnappend krochen wir anschließend aus der von glühenden Steinen erhitzten, dampfenden Hütte. Ich ließ mich zwecks Abkühlung bäuchlings auf die reifüberzogene Wiese fallen und atmete mitten im Winter diesen Eifelduft ein: ein Hauch von Heu, glasklares Wasser, würzige Erde. Ich habe nicht ins Gras gebissen, aber viel gefehlt hat nicht. Es war vollkommen klar, dass die Eifel ein Landstrich ist, der Menschen und den Rest der Schöpfung trägt.

Allerdings ist sie für Überraschungen gut, vor allem dann, wenn man sich einbildet, nach Belieben einen Garten zwecks Erholung und Selbstversorgung anlegen zu können. Ich habe Jahre nach diesem Urerlebnis ein ehemaliges Bauernhaus gekauft. Dazu gehörte ein verwildertes Grundstück mit uralten Obstbäumen, das geradezu danach schrie, in einen hübschen Nutz- und Ziergarten verwandelt zu werden. Im frühen Frühjahr ging es mit sechs jungen,

adrett gewachsenen Himbeersträuchern und sechs Erdbeerpflanzen äußerst bescheiden los. Ein Gartenbauer lieferte Mutterboden und säte Rasen. Es war das erste Jahr, in dem von Mai bis Oktober der Regen ausblieb. Ich hatte zwar einen nagelneuen, 1.000 Liter fassenden IBC-Container, in welchem sich das von der riesigen Dachfläche hinabrinnende Regenwasser hätte sammeln sollten – man beachte den Konjunktiv –, aber ich hatte keinen Außenwasseranschluss. Ich hatte 2.000 Quadratmeter Mutterboden, den ich mühsam per Gießkanne zu wässern versuchte … jeden Abend zigmal zwei volle Zehnliterkannen aus dem Badezimmer in den Garten schleppen, um am Ende Arme wie ein Gibbon, Rückenschmerzen und den Frust zu haben, auf eine Art Sahara 2.0 zu blicken.

Doch die Eifel ließ mich nicht im Stich. Die Himbeeren uferten rasch aus und aus den sechs Sträuchern ist längst eine undurchdringliche Phalanx geworden. Die Erdbeeren vermehrten sich ebenso rasant und sind, allen gärtnerischen Unkenrufen zum Trotz, auch etliche Jahre später noch voll im Saft. Der riesige uralte Kirschbaum ernährt Sommer für Sommer erst summende Bienenvölker, dann Heerscharen von Staren und zu guter Letzt Myriaden von Wespen. Unmöglich, diese süße Überfülle zu Marmeladen oder Säften zu verarbeiten. Äpfel, Birnen, Mirabellen und Haselnüsse werden in meinem Garten in derartig rauen Mengen produziert, dass ich niemals auch nur annähernd Herrin der Nahrungsflut werde. Allein der Rasen ist niemals ein Rasen geworden, sondern hat sich in eine blühende Kräuterwiese verwandelt, die Schmetterlinge und anderes Getier anlockt. Wenn ich wollte und das Talent dazu hätte, könnte ich sie zu Salaten, Suppen, Salben oder heilsamen Ölen verarbeiten.

Zwar war die Eifel, als sie zum kaiserlichen Preußen gehörte, verschrien als karges, kaltes und unwirtliches Gebirge, in das unbotmäßige Beamte strafversetzt wurden, wenn sie sich bei Hofe unbeliebt gemacht hatten. Als »preußisch Sibirien« schmähte man die Eifel. Aber aus heutiger Sicht ist das vollkommen unverständlich. Viel passender ist der Vergleich mit der Toskana: Es gibt heiße Tage, kühle Nächte und ganz besondere Böden, die hervorragenden Wein gedeihen lassen. Es gibt sanfte Bergzüge mit Weitblicken, die einen glauben lassen, man sei schwerelos im Himmel. Und wie jede ursprüngliche Genusslandschaft kennt auch die Eifel eine Fülle regionaler Speisen, die einst als Armeleuteessen angesehen wurden und heute verwöhnte Feinschmecker zum Schwärmen bringen. Die inspirierende Nähe zu Frankreich, Luxemburg und Belgien tut ein Übriges, damit einem das Wasser im Mund zusammenläuft. Überhaupt: Die Eifel überschreitet Grenzen, zu ihr gehören auch die deutschsprachigen Ardennen in Ostbelgien. Was für Fans von Fritten, Bier oder Schinken eine extrem gute Nachricht ist.

Die Eifeler Kombination aus lecker und schön bringt es mit sich, dass man die zugeführten Kalorien auf angenehmste Weise auch wieder loswerden kann. Es gibt unzählige Wanderwege, mit oder ohne Premium-Zertifizierung. Immer wieder werden Routen in der Eifel ganz offiziell zu den schönsten Strecken Deutschlands gekürt. Und die haben es in sich. Mancher Weg erfordert alpengeschulte Trittsicherheit, andere die unerschütterliche Kondition eines Mulis. Allein der Eifelsteig von Aachen nach Trier misst mehr als 310 Kilometer, aufgeteilt in Tagesetappen von bis zu 28 Kilometern. Die Landschaft ist einzigartig, keine Frage. Aber geht es nicht ein bisschen weniger anspruchsvoll? Was ist mit Menschen wie mir, die ohne athletische Talente auf die Welt kamen und diese Unfähigkeit in Büros zur Perfektion trainieren? Was ist mit dem, was mal »Sonntagsausflug« genannt wurde: leckeres Essen UND wohldosierte Bewegung an der frischen Luft plus Sightseeing, aber all das ohne Selbstoptimierung und Survival. Was ist mit Menschen, die in der Freizeit lieber Dopamin als Adrenalin tanken? Und muss man wirklich immer raus aus der Komfortzone und Grenzen überschreiten, um ein besserer Mensch zu werden? Sind wir vielleicht alle so gestresst, weil wir nie wirklich drin sind in unserer Komfortzone? »Dau bôs ming Sôlperschnéssjen«, so lautet die authentischste Eifeler Liebeserklärung. Sôlper ist ein würziger Fleischsud, Schnéssjen ist das Schnäuzchen, das man immerzu herzen und küssen möchte. Liebe geht in der Eifel durch den Magen, nicht durch den Muskelkater.

Die Eifel hat unzählige Orte, an denen es sich gut schlemmen und schlendern lässt. Unmöglich, sie alle aufzuführen, daher gibt es eine kleine, feine Auswahl an zwei Dutzend Tipps für Tagesausflüge in alle Himmelsrichtungen: Immer ist die kulinarische Adresse der Aufhänger, um den sich Sehenswertes und Erlebenswertes in der Nähe rankt. Die Eifel ist berühmt für ihr Mineralwasser und ihr Bier. Den Auftakt macht folglich die passende Getränkezufuhr mit oder ohne Alkohol. Dann stehen Hofläden, Manufakturen und Milchtankstellen im kulinarischen Mittelpunkt, denn für eine Eifeltour kannst Du Dich natürlich auch selbstständig mit allen erdenklichen Köstlichkeiten eindecken. Erstklassige Restaurants diesseits des Sterneniveaus, in denen Raffinesse auf Bodenständigkeit trifft, findest Du als Start, Ziel oder Pause in einem weiteren Kapitel. Und dann wird es zünftig: Landgasthöfe wie aus dem Bilderbuch, unkompliziert und einfach lecker. Alle Wirtshäuser, Gaststätten und Restaurants, die hier nicht aufgeführt sind, muss ich um Verzeihung bitten. Die Qual der Wahl hat jeder Mensch, der in der Eifel unterwegs ist. Aber versprochen: Es ist die einzige Qual, ansonsten heißt es losfahren und losgehen, Speisekarte studieren und genießen. Zum guten Schluss steht das pralle Leben auf dem Programm mit hervorragenden Anlaufstellen für Kuchen und Torten, Pralinen und Eis. Nicht dass jemand denkt, die Eifel hätte nur Deftiges zu

bieten. Eine Landschaft, die so nah an Frankreich, Luxemburg und Belgien liegt und nebenher so viele Sahneproduzentinnen in Ställen und auf Weiden stehen hat, kann gar nicht anders, als der süßen Sünde zu verfallen. Aber auch hier gilt, dass nicht einmal annähernd Vollständigkeit garantiert werden kann.

Kleiner Exkurs vorab – Von wegen Armeleuteküche

Wie kommt es, dass aus dem Armenhaus einer entfernt residierenden Monarchie und aus dem Aufmarschgebiet zwecks Kriegführung mit dem »Erbfeind« eine waschechte Feinschmeckerregion werden konnte? Die Verwandlung vollzog sich schleichend, aber konsequent. In den frühen 1980er Jahren gab es weder ausgeschilderte Wanderpfade noch war die Region bekannt für Lukullisches. Mit Ausnahme von Flüssigem, versteht sich, denn Bitburger Bier oder Gerolsteiner Sprudel erfreuten sich schon damals einer regen Beliebtheit – auch weit über die Eifel hinaus. Ansonsten galt in den Häusern, die nicht selten noch mit »Fremdenzimmern« warben, die Devise: Viel hilft viel, gegen den Hunger. Das prägte das Image, dass die Eifel eine Landschaft nicht für Gourmets, sondern für Gourmands wäre. So lautet die vornehme frankophile Beschreibung für Vielfraß und Leute, welche das Niveau eines Restaurants danach bemessen, wie voll der Teller ist.

Das machte jahrhundertelang Sinn und war kein Zeichen von Bildungsferne und Kulturbanausentum. Es war ein Zeichen von herzlicher Gastfreundschaft. Die Eifel litt unter regelrechten Auswanderungswellen: Allein von 1840 bis 1871 verließen 60.000 Menschen die Dörfer Richtung USA – so viele wie heute die gesamte Einwohnerzahl des Landkreises Vulkaneifel. An manche Weiler wie Allscheid in der Nähe von Daun erinnert nur noch eine winzige Kapelle. Es war eine Epoche, die auch andernorts von eklatantem Mangel gekennzeichnet war. Zum einen waren die politischen und sozialen Verhältnisse die Ursache. Karl Marx, ein Trierer, schrieb sein 1867 erstmals veröffentlichtes Buch »Das Kapital« aus dem ganz praktischen Wissen um die Not der Bauern und Winzer in Eifel und Moselland. Zum anderen waren es viele Jahre in Folge mit »Schietwetter«. Die Eifel ist bei bestimmten Tiefdrucklagen das erste kontinentale Gebirge nach dem Atlantik, an dem sich regenreiche Wolken stauen und ihre Last entladen. Nicht nur die jüngste verheerende Flut vom Juli 2021 belegt dies, auch frühere Regensommer mit starken Gewittern wie 1804 oder 1910 brachten Katastrophen über den engen, von steilen Schieferklippen begrenzten Flusscanyon der Ahr, die ihrerseits unzählige

Bäche in den Rhein abfließen lässt. 1815 ging in vielen Ländern Europas als das Jahr ohne Sommer in die Geschichte ein. Nicht die eigenen Eifelvulkane, sondern der Ausbruch des Tambora in Indonesien brachte die Missernten mit sich. Irland versank vollends im Elend. Verschärft wurde die Armut der kleinbäuerlichen Eifelbevölkerung durch die Realerbteilung: Jedes eheliche Kind eines Bauern erhielt ein gleich großes Stück Land. Das führte auf Dauer zu winzigen Parzellen, aus denen kaum jemand einen nennenswerten Ertrag ziehen konnte.

Wer wenig hat, macht das Beste daraus. Manchmal wird das zum echten Lifestyle. Austern beispielsweise galten in England bis weit ins 18. Jahrhundert hinein als Fraß für Arme, die sich keinen Fisch leisten konnten und stattdessen glibbriges Fast Food schlürfen mussten. Noch Charles Dickens konstatierte, dass Austern und Armut zusammengehörten.

Auch in der Eifel musste man aus einer extrem übersichtlichen Zutatenliste etwas Geschmackliches herauskitzeln. Was tun, wenn man nur ein paar Kartoffeln und Zwiebeln hat, vielleicht noch ein Ei vom eigenen Huhn und ein Stück Speckschwarte zum Auslassen? Döppekooche lautet die Antwort. Dieser deftige »Topfkuchen« ist eine Art Nationalgericht der Eifeler geworden. Mit dem süßen Kuchen ist es nur insofern verwandt, als es ebenfalls im Ofen gebacken wird. Für die fleißigen Eifeler Landmenschen ein Vorteil, denn niemand muss am Herd stehen bleiben und rühren, die Hände sind frei für andere Arbeiten. Döppekooche wird – mit verschiedenen kreativen Nuancen versehen – auch in Gourmetrestaurants der Region angeboten. Es wundert nicht, wenn als frisches Grün dazu Giersch oder junger Löwenzahn auf dem Teller prangt. Das ist nicht der Versuch, sich klammheimlich der sogenannten Unkräuter in einer Gammel-Ecke des Gartens zu entledigen, sondern lecker, vitaminreich und voll im Trend.

Andere einst spartanische Eifelgerichte feiern ebenfalls Wiederauferstehung: Grumpere met Klatschkäs beispielsweise, also Pellkartoffeln mit Quark. Grumpere oder Krompere … es gibt etliche Schreibweisen. Es handelt sich sprachlich genau genommen um »Grundbeeren«. Oder Erdäpfel. Oder eben Kartoffeln. Manche Restaurants bieten das urtümliche Gericht quasi als Gruppenevent an: Da steht der Topf mit den heißen Kartoffeln in der Mitte, drum herum drapiert sind die Schüsselchen mit Kräuterquark, und dann langt der Mensch zu, trinkt dazu ein frisch gezapftes Bit und pflegt seine »Verzällcher«, neudeutsch Smalltalk.

Die vermeintlich simpelsten Genüsse können in der Eifel mächtig Eindruck machen, der noch Jahrzehnte später die Geschmacksnerven zum Vibrieren bringt. Zum Beispiel Brot. Ganz simples, handwerkliches, uriges Brot aus einer Bäckerei in Daun, die es mittlerweile nicht mehr gibt. Auch Bäcker werden älter und gehen in den Ruhestand. Das Bio-Vollkornbrot der Bäckerei Wendels war von einer Beschaffenheit, an die sich heute noch viele Einheimische erinnern, außen knusprig, innen sehr aromatisch und kernig-saftig. Zu besagter Gemeinschaft, welche ich mit labbrigen Spaghetti quälte, gehörte ein Tagungshaus mit Gästen aus ganz Deutschland am Wochenende. Bereits Mitte der Woche bestellten wir bei Wendels unsere Biobrote: für vierzig Menschen à zwei Mal Frühstück und zwei Mal Abendessen. Man hätte glauben können, wir wären locker mit dreißig, vierzig Broten pro Wochenende ausgekommen. Denn wer verputzt schon ein ganzes Brot zu nur vier Mahlzeiten … vor allem, wenn es noch Salate gibt? Die Antwort war einfach: unsere Gäste.

Wir lernten dazu. Angesichts der drohenden Verknappung bestellten wir fünfzig Brote. Es reichte immer noch nicht. Offenbar erlitten die Workshopteilnehmer jedes Mal Heißhungerattacken, sodass sie Mengen verzehrten, die eines Zirkuselefanten würdig gewesen wären. Wendels' legendäres Brot schmeckte nach mehr … nach ziemlich viel von mehr. Auch wenn es schon längst keinen Aufstrich oder Käse mehr gab, weil alles leergefuttert war, machten sie einfach mit Butter und einer Prise Salz weiter, bis kein Krümelchen übrig war.

Das berühmte Brotrezept lebt fort bei der Biobäckerei von Josef Utters in Dockweiler. Josef ist erkennbar an einem langen geflochtenen Zopf, der ihm eher das Flair eines Künstlers als eines Bäckers verleiht. Und er liebt es zu experimentieren, wobei er das Risiko nicht scheut, dass auch etwas schiefgehen kann. Gemeinsam mit einem ehrenamtlichen Sortenretter und einem Bioland-Bauern aus der Eifel rettet er den Fuchsweizen. Es ist eine historische, eigentlich schon ausgestorbene, sehr robuste und pflegeleichte Getreidesorte, die auf dem Acker rötlich schimmert. Sie braucht weder Herbizide noch Stickstoffdüngung, aber sie gefiel den Nazis mit ihrem Reichsnährstandsgesetz trotzdem nicht. Denn sie liefert vergleichsweise wenig Ertrag. Seitdem geriet der Fuchsweizen in Vergessenheit und überlebte nur in Form weniger Samenkörner in der Gendatenbank Gantersleben. Josef Utters mahlt sein Getreide selbst und auch eben jenen Fuchsweizen, der in 2023 auf einem kleinen Eifeler Acker erneut das Licht der Welt erblickte. Das Verhalten des Teigs war voller Überraschungen, er ist nicht maschinengängig und braucht liebevolle Zuwendung echter Hände. Genau das Richtige für den Brotkünstler und seinen Holzofen. Mittlerweile stehen die Eifeler Kunden für das dunkle, nussig-aromatische und mit krosser Kruste gesegnete Fuchsweizenbrot vor der Ladentheke Schlange.

In der Eifel ist das Glück fliessend – von Wasser bis Wein

Der Name Eifel geht angeblich ebenso auf das keltische Wort »apa« wie auf das Lateinische »aqua« zurück. Beides bedeutet Wasser. Die Eifel ist also das Wasserland und somit lebenswichtig. Relikte des längsten antiken Aquädukts nördlich der Alpen beweisen, dass die römische Stadt Colonia Claudia Ara Agrippinensium, uns besser bekannt als Köln, mit Trinkwasser aus dem Einzugsbereich der Urft in der Nordeifel versorgt wurde. Die Bewohner des vulkanischen Teils der Eifel hatten es schon immer besonders einfach: Hier sprudelt das kühle Nass an etlichen Orten einfach so aus der Tiefe. Drees heißen diese ganz besonderen Quellen im Volksmund. Ihr an natürlicher Kohlensäure reiches Wasser ist hoch mineralisiert, weil bei seinem Weg an die Oberfläche das im Gestein gebundene Natrium, Kalium, Magnesium, Kalzium, Hydrogencarbonat oder Sulfat gelöst wird. Viele Dreese spendieren auch eine Extraportion Eisen, sodass die Umgebung rostrot verfärbt ist, besonders eindrucksvoll zu sehen in der Nähe der Dörfer **Niederstadtfeld** oder **Darscheid**. Die Einheimischen pilgern gern mit allerlei Behältnissen zum nächstgelegenen Drees, um sich eine Gratisladung Durstlöscher von Mutter Natur zu holen. Aber zum Kaffee- oder Teekochen vergreifen sie sich niemals an der kostenlosen Getränkelieferung. Denn der Eisengehalt, der sich schon bald nach Abfüllung als sichtbarer Bodensatz bemerkbar macht, wäre da eine arg brutale Attacke auf die Geschmacksnerven.

Wasser ist übrigens nicht gleich Wasser, in der Eifel allemal nicht. Jede einzelne Quelle hat ihren ganz eigenen »Fingerabdruck«. Keines schmeckt wie das andere oder hat dieselbe mineralische Zusammensetzung wie ein anderes. Selbst dann nicht, wenn die Quellen dicht nebeneinander liegen oder der Hersteller, dessen Logo auf dem Etikett der verschiedenen Sorten prangt, derselbe ist. Es ist also viel mehr als ein Marketinggag, wenn mit Einzigartigkeit geworben wird. Die Reinheit des in den Tiefen der Erde schlummernden Naturproduktes ist ebenfalls nicht gelogen, denn in den Gebieten der Eifeler Mineralwassergewinnung ist beispielsweise Erdwärme verboten. Die Bohrungen könnten Schadstoffe in die wasserführenden Schichten eintragen.

Wasser ist also in jedem Fall ein sehr guter Ausflugsbegleiter: familienfreundlich, gesund und auch dann noch das Mittel der Wahl, wenn man auch nach dem Ausflug noch Spaß am eigenen Führerschein haben will. Wasser ist die Quintessenz der Eifel, die von ihm den Namen hat. Gewisse Eifelstädtchen wie etwa Gerolstein haben internationale Berühmtheit erlangt, weil man sie für eine Mineralwassermarke hält. Doch Hand aufs Herz: So ein echtes Eifeler Bier ist auch nicht zu verachten. Beim Bier aus **Bitburg** geht die Gleichung »Stadt = Biermarke« ebenso auf. Sogar die Autokennzeichen des Eifelkreises Bitburg-Prüm dürfen Schleichwerbung für das süffige Etwas machen, ohne dass eifrige Mitbürgerinnen und Mitbürger daran Anstoß nehmen. Die Bitburger Brauerei ist mit ihrem ehemaligen Brauturm in der Stadtmitte schon von Weitem zu sehen. Die eigentliche Braustätte zog in die Peripherie um. Geblieben sind eine Erlebniswelt zum Besichtigen und die historische Schankstätte Zum Simonbräu als Stammhaus der Brauerei. Südwestlich von Bitburg, an den Ufern der Prüm, gedeiht in **Holsthum** bei Bauer Andreas Dick der einzige Hopfengarten in Rheinland-Pfalz. Fast seine gesamte Ernte wird zu »Bit« ... ein Rest gibt »Eifel Hop Gin«, der auf dem Hof probiert werden kann, das besondere Flair.

Wasser spielt natürlich eine mindestens ebenso wichtige Rolle, schließlich genießt man Bier nicht in staubiger Pulverform. Es ist wichtige Brauzutat ... und das Quellwasser der Ahr ist in behutsamer Dosierung zugleich essenziell für eine Art Ritual. Der temperamentvolle Fluss, der nach endlosen Windungen rund neunzig Kilometer weiter östlich in den Rhein mündet, entspringt im mittelalterlichen Ortskern von **Blankenheim** unter einem der urigen Häuser. Das ist überaus praktisch für einen Partykeller, aber ob man damals so dachte? Heute jedenfalls inspiriert die Lage. Fünf kernige Kerle, allesamt Eifel- und Bierliebhaber aus Passion, befüllen regelmäßig einen Kanister mit Quellwasser aus Blankenheim und fahren damit zu einer Craft-Brauerei ins nicht gar so weit entfernte Mendig in der Osteifel. Dort wird nach den Rezepten der fünf besonderes, unfiltriertes Helles gebraut. Und ohne »ahrphrodisierende« Zutat geht das nun mal nicht, wie Mit-Erfinder Kai Janssen beteuert. Passend zum Namen des Quellortes heißt das Bier Blanq. Es ist mit seinen 5,6 Prozent Alkoholgehalt nicht ganz so »weiß« wie die Unschuld. Außerdem zieren das

Flaschenetikett ein vor Testosteron strotzender röhrender Hirsch sowie eine stilisierte Vulkankette, die eine bemerkenswerte Ähnlichkeit mit einer wohlgeformten weiblichen Brust aufweist. Man genießt in der Eifel halt ganz nah am Busen der Natur.

Naturliebe ist sowieso eine der Grundvoraussetzungen für prozentige Durstlöscher. Die Streuobstwiesen im südlichen Teil der Eifel sind nicht nur was fürs menschliche Auge und für gemütvolle Wiederkäuer, die sich unter den Bäumen tummeln. Dank des fruchtigen Segens haben viele Bauernhöfe teils seit Jahrhunderten Brennrechte, die es ihnen erlauben, fiskalisch korrekt Hochprozentiges zu kreieren. Im Jahr 1991 schlossen sich auf Initiative des Landwirts Bernhard Bares in **Trimport** mehrere kleinere Hofbrennereien in einem Verein zusammen, um eine eigene Marke »Eifel Premium Brand« mit besonders hohen Qualitätsansprüchen auf den Markt zu bringen. Erkennbar sind die Brände der rund zwanzig Mitglieder an sehr schlanken, hohen Flaschen mit einem ins Glas als Relief eingelassenen Logo. Himbeeren und Schlehen, Äpfel und Birnen, Zwetschgen und Mirabellen … alles, was die Eifel an Obst hergibt, wird zu Brand oder Geist destilliert. Und da gibt es noch ein Gewächs, das sich anderen Verarbeitungsmethoden widersetzt und frisch am

Baum vollkommen ungenießbar ist: die Nelchesbirnen. Diese uralte Sorte ist robust und herb, ihre Würze erinnert nicht im Entferntesten an die Süße etwa von Williams Christ. Erst als Spirituose entfalten Nelchesbirnen ihren gar nicht mehr so spröden Charme. Passt irgendwie zu den Eifelern: Nichts für den vordergründigen Konsum, sondern man muss sich schon etwas Mühe geben und das Wesentliche erkennen.

Von Disziplin und Lebenskunst erzählt auch die Historie der Distillerie Radermacher im Dorf **Raeren**, direkt an der deutsch-belgischen Grenze im Hügelland des Hohen Venns gelegen. Seit 1836 wird hier von der Inhaberfamilie gebrannt, was den Geist erwärmt. Sie ist die älteste Brennerei Belgiens und zugleich als Einzige des Landes biozertifiziert. Das niedrige, weiß gekalkte Bruchsteinhaus erinnert an die Architektur der Beginenhöfe des Mittelalters und wurde ergänzt um ein puristisches, wohl gerade deshalb so gut zur Umgebung passendes Glasgebäude. Dessen Inneres mit schimmernden Kupferkesseln ist von außen sichtbar und beherbergt zudem eine so schlicht wie nobel eingerichtete »Alcothek«. Es duftet dezent nach feinem Hochprozentigem. Das Getreide für die Schnäpse wird vor Ort frisch gemahlen, gemaischt, destilliert. In einem Nachbarraum befindet sich das Herzstück des »Gesamtkunstwerks« von insgesamt mehr als siebzig verschiedenen Produkten, darunter Whisky-, Rum-, Gin- und Aperitifsorten: Bis zu 600 verschiedene Aromen, Kräuter und Gewürze werden nach eigenen Rezepturen hinzugemischt. Die Distillerie Radermacher, die sich wirklich genau so schreibt, bringt mit Verkostungen und Führungen die Magie des Brennens näher, bis du zu schweben glaubst. Das ist keine optische Täuschung im Rausch, sondern real: In den Boden der »Alcothek« ist eine Glasfläche eingelassen, die tiefe Einblicke in den Gewölbekeller mit Eichenfässern gewährt.

Allerdings lagert in der Eifel nicht nur Whisky in Eichenfässern, sondern natürlich auch Wein … und zwar Ahrwein. Es ist überwiegend Spätburgunder, aber es werden vereinzelt auch andere Rebsorten wie Riesling angebaut. Gemeinsam ist ihnen, dass die megasteilen Schieferhänge des Ahrtals mit ihrer besonderen Mineralisierung und nächtlicher Wärmespeicherung aus der Sonnenkraft ideale Voraussetzungen bieten für Weine, die alles andere als »Parkbankglück« sind. Sondern mit immenser Handarbeit, die allein schon die Ernte erfordert, verdienen sie buchstäblich das Prädikat erlesen. Die 1868 gegründete Winzergenossenschaft Mayschoß-Altenahr mit ihren 150 Hektar Rebfläche ist die älteste der Welt ... und gilt zugleich als eine der besten. Mehr als 460 Weingüter gehören ihr an.

Doch dann kam der 14. Juli 2021. Ich wohne auf den vulkanischen Höhen zwischen Kyll, Ahr und Mosel. Auch über meinem Dorf fing es, wie schon seit Tagen im Wetterbericht angekündigt, gegen Mittag monsunartig an zu regnen. Der keine hundert Meter entfernte Waldrand war stundenlang nicht mehr zu sehen, ein dichter weißer Schleier aus Wasser verbarg ihn. Nach den vorigen Dürresommern dachte wohl jeder, dass etwas Nässe nicht schlecht wäre. Ich dachte es auch. Endlich keine staubtrocken sengende Hitze mehr, sondern tropische Nässe, die Blätter zum Glänzen brachte. Die Dorfstraße verwandelte sich allmählich in eine abschüssige Wasserrutsche mit kleinen Wellen, die abwärts durch die Gärten und über Wirtschaftswege in Richtung des Naturklärwerks des Dorfes gluckerten. Im Wolkengrau des frühen Sommerabends zog ich meine Gummistiefel und meinen Friesennerz an, das erfrischende Spektakel wollte ich hautnah erleben. Auf dem bis zum Waldrand asphaltierten Weg wanden sich Tausende Regenwürmer, die aus den Wiesen hervorgekommen waren. Die ersten warf ich auf eine grasbestandene Böschung, um sie vor dem Ertrinken zu retten. Dann gab ich es auf.

Das Naturklärwerk, eigentlich ein optisch idyllisches Areal mit reinigenden Sumpfpflanzen, strömte über von muffig riechendem Oberflächenwasser, über dessen Inhalte ich mir keine weiteren Gedanken machen mochte. Weiter ging ich in den Wald, ein ohrenbetäubender Lärm empfing mich. Das war nicht nur das Rauschen des Starkregens auf die Blätter der Bäume, das war etwas anderes. Und dann sah ich es. Aus einer sonst kaum handtellergroßen Quelle, aus der ein klares Rinnsal hervorsickerte, brach eine lastwagenbreite braune Flut und riss Laub, kleine Äste und Steine mit sich weiter bergab.

Am nächsten Tag und in den folgenden Wochen brannten sich die Bilder ins Gedächtnis, von umhertreibenden Autos und zerstörten Brücken, von fortgerissenen Häusern und von vermissten Menschen, die später tot aufgefunden wurden. Weinfässer trieben im dunkelbraunen Wasser, Weinflaschen steckten im Schlamm, Winzer blickten fassungslos auf die Trümmer ihrer Güter. Nur die Zeilen der Weinreben an den steilen Berghängen standen grün belaubt, als sei nichts geschehen. Einige Wochen später tauchten in den Supermärkten der Eifel die ersten Ahrweinflaschen mit deutlichen Flutspuren auf, mit eingerissenen Etiketten und graubraunen Schlieren auf dem Glas. Der Inhalt war unversehrt, edel wie immer. Schnell waren sie ausverkauft, selbst Menschen, die sonst nie Wein trinken, hatten welche im Einkaufswagen. SolidAHRität stand auf Flaschen mit Weinen, die eigentlich aus der Pfalz oder Rheinhessen stammten, aber deren Erlös den Ahrwinzern zugutekam.

Seitdem ist noch einmal deutlicher geworden, welches Stück Genusskultur fehlen würde, wenn es Ahrweine nicht mehr gäbe. Und so rückten Winzerkollegen und -kolleginnen aus ganz Europa an, um zu helfen und zu retten. Das Wunder geschah: Es gibt den Jahrgang 2021! Es ist sogar ein besonders gut gelungener. Der Flutwein-Erlös von bislang mehr als 4,4 Millionen Euro hilft beim Wiederaufbau. Aber nicht nur die Ahr, auch alle anderen Eifelflüsse waren von der Flut betroffen, die Folgen sind teilweise noch heute sichtbar. Etliche Restaurants und Cafés mussten vorübergehend schließen und aufwendig renovieren, manche schafften den Neustart nie.

Die Eifel ist ein Wasserland. Das hat sie mit Macht in Erinnerung gebracht. Ähnlich verheerende Ahrfluten hatte es zuvor am 13. Juni 1910 und am

21. Juli 1804 gegeben. Dazwischen herrschte die Ruhe verträumter Gebirgsbäche. Die Kelten und Römer trauten dem Jahrhundertfrieden nicht, sie errichteten ihre Siedlungen, ihre Villen und Pferdewechselstationen in der Eifel immer weit oberhalb der Ufer und Talauen. Sie sahen das Wasser, aber sie kamen ihm nicht zu nahe.

AUSFLUG 1 / **WASSER MIT AUSBLICK – VULKANE ALS WASSERSPENDER**

In bestimmten Werbeclips turnen athletisch gebaute Menschen durch eine wilde Natur und liefern pausenlos stuntreife Action ab. Oder muskulöse Familienväter geben ihr Äußerstes beim Heimwerken plus Kinderbetreuung als Multitasking, bis sie schweißgebadet sind und trotzdem unverdrossen lächeln. Das Antriebsmittel für derlei bewundernswerte Kondition: Mineralwasser aus **Gerolstein**. In Wirklichkeit geht es am Herkunftsort des Gesundbrunnens etwas gemächlicher zu und Du kannst ihm einen Besuch abstatten, ohne dafür physische Höchstleistung erbringen zu müssen. Durch ein bizarres Felsmassiv getrennt von der uralten, im Weltkrieg zerbombten und mit dem Charme der Adenauerjahre wiederaufgebauten Stadt liegt inmitten von Wiesen und Wald ein großer Firmenkomplex. Hier wird das Mineralwasser abgefüllt, von hier aus wird es in die Welt geliefert. Hier ist auch ein Besucherzentrum, das werktags verrät, wie das besonders mineralisierte »Wasser mit Stern« dank vulkanischer Hilfe zustande kommt, wie tief und wo gebohrt wird, wie kontrolliert wird, wie neue Produkte entwickelt werden und etliches mehr. Im Jahr 1888 war von der hypermodernen Anlage keine Spur. Bei Bohrungen am Ufer der Kyll, in der Nähe des Bahnhofsgeländes, wurde der unterirdische Wasserreichtum eher zufällig entdeckt, plötzlich schoss er dem Bergwerksdirektor Wilhelm Castendyck mit Hochdruck entgegen. Schon zwei Jahre später war das Wasser aus Gerolstein ein Exportschlager in die USA, ab 1895 auch nach Australien. Die vielen aus der Eifel Ausgewanderten hatten Sehnsucht nach etwas von daheim. In Tonkrügen wurde es über die Ozeane geschippert. Gratis bekommst Du echtes Gerolsteiner Mineralwasser in einem kleinen Park, der unten am Kyllufer die Helenenquelle umgibt.

So ist Gerolstein zum Synonym für Mineralwasser geworden. Doch das natürliche Wahrzeichen der Stadt ist eben jenes bizarre Felsmassiv, eine zerklüftete Skyline, die sich senkrecht vor dem wilhelminischen Bahnhof auftürmt. Die fossilienreichen Dolomitfelsen sind Reste eines Korallenriffs. Dort, wo im Talgrund die Kyll plätschert und diese im Sommer 2021 den Gerolsteiner Bahnhof so spektakulär unter Wasser setzte, dass das Foto eines gestrandeten Zuges um die Welt ging, befand sich bereits im Devon-Zeitalter der Boden eines warmen Meeres. Heute reihen sich in diesem Tal Discounter und Supermärkte aneinander. Aber nicht nur sie. Mittendrin ragt ein schlanker, fast italienisch anmutender Kirchturm empor. Er gehört zur Erlöserkirche, die Anfang des 20. Jahrhunderts als hundertster Bau des evangelisch missionierenden Projektes von Kaiserin Auguste Viktoria errichtet wurde. »Kirchen-Guste« nannte man wenig respektvoll die fromme Monarchin. Ihr Jubiläumsbau bringt Dich innen aus der Fassung. Was um Himmels willen war das für eine Arbeit! Millionen winzigster, jeweils händisch vergoldeter Steinchen fangen das durch die Fenster einfallende Licht ein. Neben der Kirche ragen die moosbewachsenen Reste einer römischen Villa aus dem Ufer, Villa Sarrabodis heißt sie und gab dem Ortsteil seinen Namen. Die Relikte sind verbunden mit einem Museum, das selbst museal ist. Mit original kaiserlich-wilhelminischer Didaktik bekommst Du Input sowohl zu den antiken Funden wie zum

Ex-Korallenriff. Es riecht etwas angestaubt und Du wirst keinesfalls mit bunter Multimedia berieselt. Hier ist alles bierernst, um nicht zu sagen mineralwasserernst, und Sütterlinschrift zu kennen ist nicht verkehrt.

Derart beeindruckt kannst Du raus in die Natur, endlich hoch auf diesen Felskoloss. Das gelingt Dir am besten im nahen **Pelm**, dort geht es steile Serpentinen hoch zur Kasselburg mit ihrem wuchtigen Doppelturm. In der Ruine hausen Adler und andere grimmig dreinschauende Greifvögel, zu ihren Füßen heulen Wölfe. Keine Bange, die wollen nur spielen. Es ist ein liebevoll gepflegter Tierpark mit Flugschau und pünktlicher Wolfsfütterung, Dir wird kein Haar gekrümmt. Wenige Meter weiter entdeckst Du einen geschotterten Parkplatz … und hier geht Dein Spaziergang über das Dolomitplateau los. Zunächst macht ein asphaltierter Wirtschaftsweg das Ganze extrem bequem, auch für Urgroßeltern mit Rollator, für Kleinkinder im Buggy oder für Teens auf Inlinern. Du kommst an niedrigen Mäuerchen vorbei, die Reste eines keltisch-römischen Heiligtums für die Göttin Caiva sind. Bald hast Du Gelegenheit, nach rechts oder links in grasige Pfade abzubiegen und Wald zu erleben. Oder Du gehst ein Stück weiter geradeaus, an einer Grillhütte mit Picknickplatz vorbei und entdeckst eine bizarre Delle im Boden: die Papenkaule. Hier durchbrach eine vulkanische Eruption das mächtige Ex-Korallenriff. Die Wegweiser führen Dich über nicht mehr barrierefreie Waldwege zum Aussichtspunkt Munterley. Dort schwebst Du über der Brunnenstadt und kannst auf die spielzeugkleinen Häuser hinunterblicken. Auch die Buchenlochhöhle ist ausgeschildert, ein schmaler Pfad und Treppen führen her. In diesem klaffenden Spalt im Gestein wurden Beweise gefunden, dass schon frühsteinzeitliche Siedler hier ein wetterfestes Zuhause fanden, garantiert mit Kochstelle und Paläo-Leckereien, saisonal und regional mit Nüssen, Samen, Beeren und bisweilen einer Rehkeule. Im Zweiten Weltkrieg fanden manche Stadtbewohner in der Höhle Schutz vor Bomben.

www.gerolsteiner.de
www.gerolsteiner-land.de/a-erloeserkirche-gerolstein
www.adler-wolfspark.de

AUSFLUG 2 / BASALT, BIER UND BENEDIKTINER – BRAUKUNST IN DER OSTEIFEL

Oberirdisch geht es in **Mendig** eher ruhig zu. Es ist ein kleines Städtchen mit knapp 9.000 Einwohnern und einer Architektur, die auf den ersten Blick etwas finster wirkt. Die Häuser im Ortskern sind aus dunklen Basaltbrocken gebaut und hellgrau verfugt. Kaum eine andere Stadt weist so viele dieser robusten, typischen Osteifelbauten auf. Diese von Mutter Erde geschenkte Besonderheit sorgte vor allem im Jahr 2011 für Sorgenfalten. Plötzlich geisterte durch die bundesdeutschen Medien, dass der Untergrund der Stadt einsturzgefährdet sei. Ganze Straßenzüge drohten dem Vernehmen nach in die Tiefe gerissen zu werden. Doch die Stadt steht immer noch. Ein weiteres Mal erlangte Mendig in den Jahren 2015 und 2016 als Ausweichquartier für »Rock am Ring« Aufsehen. Der ehemalige Bundeswehrflugplatz wurde von Zigtausenden Rockfans erobert ... und mit der pfingstlichen Feiertagsruhe war es dann mal vorbei. Doch offenbar erzürnte das die verbliebenen keltischen Gottheiten der Gegend so sehr, dass die 2016 ein gigantisches Unwetter herniederschickten. Das Festival musste abgebrochen werden und kehrte danach reumütig an den vierzig Kilometer entfernten Nürburgring zurück.

Es ist wieder beschaulich in Mendig, ober- wie unterirdisch. Beinahe überirdischen Genuss für Fans bietet dabei die Vulkan Brauerei. Hier werden nicht nur verschiedene biozertifizierte Sorten Craft-Bier produziert, hier bekommst Du es direkt von der Quelle ins Glas. Dazu gibt es vom deftigen »Braumeier« (Bratkartoffeln mit Speck, Spiegelei, Salat und natürlich Biersauce) über Wildgulasch bis zum veganen Roten Linsencurry an Zitronen-Sojasauce so ziemlich alles auf den Teller, was Dich satt und glücklich macht. Führungen durch die »gläserne« Brauereimanufaktur und Biertastings machen Dich zum Kenner. Oder Du hockst Dich im Sommer einfach in den Biergarten, einen der größten in ganz Rheinland-Pfalz, und lässt den Tag gemütlich an Dir vorüberziehen.

Da oben ahnst Du nichts von dem, was 153 Stufen weiter unten lauert. Dort spürst Du nicht die Wärme der Sonne, auch keine kuschelige Wirtshausgemütlichkeit. Willkommen im Reich des Gänsehautgefühls, das langsam den Rücken hochkriecht! Denn diese Hiobsbotschaft der Einsturzgefahr hat einen wahren Kern: die größten Braukeller der Welt im Inneren eines mächtigen, 200.000 Jahre alten

Basaltstroms. Es entstand eine drei Quadratkilometer große Unterwelt mit Stollen und Hallen, so riesig wie Kathedralen, weil das Innenleben als wertvolles Baumaterial zutage gefördert wurde. Sommers wie winters herrschen zwischen fünf und acht Grad Celsius und eine Luftfeuchtigkeit von 72 Prozent – ideal als Lagerstätte für frisch gebrautes Bier. Die Felsenkeller hatten einen regelrechten Brauereiboom in Mendig zur Folge, das kleine Städtchen beherbergte Mitte des 19. Jahrhunderts sogar 28 davon. Nur die Vulkan Brauerei überlebte. Führungen durch einen Teil der Basaltkeller zeigen, wie innig in der Eifel die erdgeschichtlichen Dramen verbunden sind mit den menschlichen Versuchen, dem Ganzen ein Happy End zu verpassen. Nüchternheit ist das Gebot der Stunde, Bier solltest Du zuvor nur in der alkoholfreien Version konsumiert haben. Du brauchst Trittsicherheit und vor allem auch eine kuschelige Jacke für den Ausflug ins Untergeschoss.

Den Spaziergang kann man übrigens auch vom Lava-Dome aus starten. In fußläufiger Nähe zur Vulkan Brauerei heißt so die hochmoderne Multimedia-Erlebniswelt mit nachgestelltem Vulkanausbruch und einem Rundkino, in dem der adrenalinfördernde Blockbuster die vulkanische Zukunft ist. Sobald irgendwo auf der Welt ein Vulkan spuckt, kannst Du Dich darauf verlassen, in den Zeitungen zu lesen, dass es auch in der Eifel bald zur Sache geht. Demnach ist es nur eine Frage der Zeit, bis der Vulkanismus zwischen Rhein und Kyll wieder erwacht. Tatsächlich gilt er unter Fachleuten nicht als erloschen. Es wurden sogar neue seismische Messstationen eingerichtet, um die »Atemzüge« der schnarchenden Riesen zu beobachten. Im Lava-Dome gibt es dazu den Faktencheck. Ebenfalls nur ein paar Meter entfernt wartet die Museumslay auf Ausflügler mit einer gehörigen Portion Neugier. Die Museumslay ist ein sogenanntes Göpelwerk: Hier ist kein Platz für romantische Illusionen über die Arbeit im Basaltbergwerk. Die Loren der historischen Schläsch-Bahn, Steinmetzhütte oder Grubenkran erzählen, wie schwer es die Kerle – sorry, es war eine echte Machowelt – hatten, das Gestein ans Tageslicht zu befördern.

Da ging es ein paar Kilometer entfernt am Laacher See schon immer deutlich meditativer zu. Ein Mal rund um das größte wassergefüllte Maar der Eifel ergeben rund zehn Kilometer Spaziergang durch duftenden Wald und entlang sonniger Wiesen. Du kannst schwimmen, surfen, rudern oder Tretboot fahren – alles limitiert für den Naturschutz. Der Wassersporttrubel nimmt also nicht überhand.

Wenn Du am Ostufer zwischen den Bäumen hindurch aufmerksam ins Wasser schaust, bemerkst Du kleine Bläschen, die in stetem Gleichmut an die Oberfläche treiben. Da ist kein Taucher unterwegs, auch kein geheimnisvolles Tier. Es sind Mofetten – sie verraten, dass der Vulkan unter dem See nicht erloschen ist, sondern immer ein bisschen Kohlendioxid und andere Gase als Gruß aus der Magmaküche nach oben schickt.

Gegenüber liegt die Benediktinerabtei **Maria Laach**, deren romanische Kirche über dem Seewasser zu schweben scheint. Der weltabgewandte, träumerische Eindruck täuscht allerdings bei näherem Hinsehen. Vor allem an Wochenenden ist das Kloster ganz offenbar »the place to be« für alles, was

im Umkreis von rund hundert Kilometern kreucht und fleucht: Familien mit kleinen Kindern, Seniorinnen und Senioren mit oder ohne Rollator, Freundeskreise, Motorradcliquen, Busreisefans ... der Parkplatz am Seeufer ist in der Regel rappelvoll. Und doch gibt es Ecken, etwa auf den Rundwegen den Vulkankrater hoch oder zum Abteifriedhof, die Freiraum lassen für Stille. Der Touristentrubel konzentriert sich auf die unmittelbare Anlage, was allerdings nicht verwunderlich ist. Die Klostergaststätte verwöhnt mit dem Gegenteil von mönchischer Askese, nämlich mit hausgemachtem Kuchen oder Eifeler Spezialitäten, kredenzt auf eleganter Keramik. Die gibt es nebenan im Klosterladen zu kaufen, darüber hinaus Köstlichkeiten, die das Wasser im Mund zusammenlaufen lassen: mehr oder weniger Prozentiges in Form von Klosterbier, Gin oder Likör, aber auch Gewürze und Marmeladen. Berühmt ist die Klostergärtnerei, die für den eigenen Garten beispielsweise auch Bäumchen uralter Obstsorten zum Einpflanzen bereithält. Heerscharen pilgern zwischen den Rabatten umher und suchen sich den passenden Bewuchs für den eigenen Balkon oder Garten aus. Einsam bist Du am Benediktinerkloster Maria Laach eigentlich nie. In der Abteikirche jedoch dominiert ein goldenes Mosaik, das Jesus Christus als Welterlöser zeigt. Es sorgt für Besinnlichkeit.

www.vulkan-brauerei.de
www.lavadome.de
www.maria-laach.de

AUSFLUG 3 / »AN APPLE A DAY ...« UND EIN ANGELSÄCHSISCHER MISSIONAR – DIE SÜDEIFEL HAT SPIRIT

Ein Benediktiner ist auch nicht ganz unschuldig an den Sitten im südwestlichsten Zipfel der Eifel, dort, wo Streuobstwiesen die Landschaft zu einer Idylle machen, die von Astrid Lindgren erfunden sein könnte. Die Rede ist vom heiligen Willibrord, der im siebten und achten Jahrhundert von den britischen Inseln aus zunächst nach Friesland übersetzte und nach dort getanem Missionarswerk im Reich der Karolinger weitermachte. Also in der Eifel. Auf ihn geht die Gründung von **Echternach** zurück, auf luxemburgischer Seite am Grenzfluss Sauer gelegene und mit malerischen Gassen gesegnete Altstadt. Sie ist, wie alle luxemburgischen Grenzorte, geradezu ein Wallfahrtsziel für deutsche Sparfüchse, da es sich dort preisgünstiger tanken lässt, auch Kaffee und Zigaretten sind billiger. Außerdem haben etliche

Supermärkte mit ihren französisch angehauchten Sortimenten sonntags geöffnet, sodass die Shoppinglust auf Delikatessen, die es hierzulande üblicherweise nicht in die Regale schaffen, ungebrochen ist. Die klassische Pilgerreise findet jedoch zu Ehren eben jenes Willibrords statt. An Pfingsten zieht es katholische Gläubige aus der Eifel in die Abtei nach Echternach. Das letzte Stück legen sie im Polkatakt und in Schlangenlinien hüpfend zurück, miteinander verbunden durch weiße Tücher. Dieser Brauch basiert vermutlich auf keltischen Fruchtbarkeitstänzen. So kannst Du als Zuschauer den seltenen Anblick eines Trierer Bischofs erhaschen, der zumeist schwitzend und mit geröteten Wangen, dafür jedoch mit heiligem Ernst umherspringt wie ein junges Zicklein. Der Verdacht liegt nahe, dass derartige Enthemmung beflügelt sein könnte vom Genuss von allerlei Obst, welches zu hochprozentigen Destillaten verarbeitet wurde. Außerdem schrecken die Echternacher nicht davor zurück, Kartoffeln zu Likör zu verarbeiten und ihnen am letzten Septemberwochenende ein ganzes Festival zu widmen. Der Heilige Geist wirkt allerdings auch ohne Kartoffelschnaps und Himbeergeist. Aber ein Ausflug ins Land der Brennrechte lohnt sich, nicht nur zum Erweckungsfest.

Eine imposante Dichte an Hofbrennereien gibt es dort, wo der heilige Willibrord sich offenbar besonders wohlfühlte: rund um das **Ferschweiler** Plateau, bei Irrel, Holsthum, Welschbillig, Wolsfeld, Trimport und anderen Dörfern, die sich ins grüne Bitburger Gutland einkuscheln. Die von Kiefernwald bewachsene Hochebene ist ein acht mal vier Kilometer großer Sandsteinblock, der 200 Meter über dem umgebenden Weide- und Wiesenland thront. Ayers Rock à la Eifel sozusagen. Ein Stück des Jakobswegs verläuft hier entlang. Er führt direkt am Frabillenkreuz vorbei. Es ist ein moosbewachsener, mehr als mannshoher Menhir, ein Relikt keltischer Spiritualität. Das konnte der emsige Willibrord als christlicher Missionar natürlich nicht einfach so stehen lassen, buchstäblich. Übermannt von Schaffensdrang und offenbar mit Hammer und Meißel ausgestattet, ließ er vom Stein nicht eher ab, bis der obere Teil in ein christliches Kreuz umfunktioniert war. Schon damals bestand Politik vor allem daraus, Zeichen zu setzen. Der Sage nach soll der Zauber des Menhirs dennoch ungebrochen sein, Esoterikfans schreiben ihm nach wie vor magische Kräfte zu. Schließlich hat er seinen Namen Frabillenkreuz auch von jener mythischen Figur Sibylle, die als Orakel die Zukunft weissagte. Ein gallorömisches Gräberfeld und etliche bronzezeitliche Hügelgräber, die vor rund 3.000 Jahren angelegt wurden, sind ebenfalls im Wald versteckt.

Auf dem Plateau lässt es sich bequem rundwandern, mehr Kraxelei ist an seinen Rändern erforderlich. Spektakulär ist vor allem die Teufelsschlucht: ein schmaler Riss im Gestein, durch den Du Dich hinunter zum Talboden zwängen kannst. Dort waren die Irreler Wasserfälle eine Ansammlung mächtiger, bizarrer Felsbrocken im Flüsschen Prüm, bis die große Sommerflut 2021 eingriff und die Steinungetüme teilweise fortschwemmte. Aber so waren die Wasserfälle ja auch entstanden: als Folge von Erosion des Sandsteinplateaus. Auch eine malerische überdachte Brücke, bis dato liebstes Fotomotiv der Gegend, fand sich plötzlich flussabwärts als zermalmte Holzhackschnitzel am Ufer wieder. Eifeler trotzen der Gewalt. Nach dem Motto »jetzt erst recht« überquert nun eine stylische Hängeseilbrücke die Prüm. Das Naturparkzentrum Teufelsschlucht bei **Ernzen** macht Dich mit den Gegebenheiten von Erde und Klima vertraut. Nervenkitzel verspricht nebenan der Dinosaurierpark: Auf zwei Kilometern Rundweg tummeln sich 170 lebensecht wirkende Nachbildungen jener Lebewesen, die vor rund 600 Millionen Jahren in der Gegend herumstapften und die im cineastischen »Jurassic Park« ein blutrünstiges Eigenleben führten. Auch ein Eifelosaurus ist dabei, ein Urzeitreptil, dessen Reste bei Hillesheim gefunden wurden.

Zu den nervenaufreibenden Exkursionen in Mythologie, Paläontologie und Geologie brauchst Du dringend und endlich etwas von dem Elixier, für das die Region berühmt ist: Hochprozentiges in Form von Eifel Premium Bränden. Das erlebst Du live in **Wolsfeld** bei Familie Zender. Die darf seit 1806 brennen, hoch offiziell attestiert von der Administration des Droits Réunis in Metz, damals in punkto Bürokratie zuständig für die frankophile Gegend. Seitdem wurden die Rechte von Generation zu Generation weitervererbt. So macht man das in der Eifel. Zwetschgen, Schlehen, Äpfel, Birnen, Himbeeren oder Mirabellen ... alles wird bis heute in sorgfältiger Handarbeit auf Güte kontrolliert und dann in einem besonders hochwertigen Verfahren destilliert. Das beschert den Zenders seit Jahren regelmäßig einen Medaillensegen für die besten »Spirits« in Rheinland-Pfalz. Allerdings solltest Du Dich bei den Zenders für eine Führung oder ein Tasting anmelden, damit Du entspannt probieren kannst. Einen Premiumbrand kippt man nicht mal eben so hinter die Binde, der will Schluck für Schluck gewürdigt sein.

www.basilika.lu
www.felsenland-suedeifel.de
www.dinopark-teufelsschlucht.de
www.eifelbrennerei.de

Alles aus erster Hand – Hofläden, Manufakturen und Milchtankstellen

Wer Durst hat, hat auch Hunger. Jedenfalls dann, wenn man als Flachlandbewohner plötzlich dem Reizklima der Eifel ausgesetzt ist. Mit ihren Bauerngärten, Wiesen und Feldern sieht die Eifel zudem sehr verheißungsvoll aus. Hier muss es doch Gemüse und Obst in Hülle und Fülle geben. Du denkst an Milch, Fleisch und Eier von zuvor glücklich herumtollenden Tieren, die es Dir nicht übelnehmen, dass sie deinetwegen ihr Leben und ihre Nachkommen opfern. (Wie sagte schon der viel zitierte alte Lateiner: Errare humanum est, irren ist menschlich, und manches zu verdrängen ist es auch … aber das hier ist keine Philosophielektion.) Du denkst an resolute Bäuerinnen auf Melkschemeln und muskelbepackte Bauern in Gummistiefeln, allesamt gesund rotwangig, gestählt von frischer Luft und Bewegung an selbiger. (An faire Preise für die Landwirte denkst Du auch, aber nicht sofort und nicht immer.) Du hast des Öfteren »Lecker aufs Land« gesehen und willst die Beweise für derlei Kochkünste mit eigener Zunge schmecken. Es muss doch Hofläden geben und Manufakturen, in denen patente Menschen selbst gemachte Köstlichkeiten in Gläser füllen, zu Pasteten kneten oder sonst etwas Raffiniertes anstellen.

Du fährst mit knurrendem Magen los und landest auf dem nächstbesten Aussiedlerhof, der so heißt, nicht weil dort ursprünglich aus fernen östlichen Regionen stammende Menschen leben und arbeiten. Sondern weil im Rahmen der Flurbereinigung die Bauernhöfe aus der Enge der dicht bebauten Eifeldörfer hinauszogen in die Weite der hügeligen Scholle. Bauern sind – meistens – von Natur aus geduldige Menschen. Wer mit der Natur sein tägliches Brot verdient, der denkt nicht in Minuten bis zur nächsten Antwortmail, nicht einmal in Monaten bis zum nächsten Quartalsabschluss. Der denkt in Fruchtfolgen, Jahren und Jahrzehnten. Man muss viel tun, bis einem Bauern der Geduldsfaden reißt. Weil Du so ein netter Mensch bist, während Du hilflos Nahrung suchend auf dem Hof herumtappst, lächelt er sogar und sagt Dir, wo es den nächsten Hofladen gibt. Bei ihm nämlich leider nicht.

Wenn Du Glück hast, bist Du jedoch direkt auf einem Hof mit Tankstelle gelandet. Nein, es geht nicht um Agrardiesel. Es geht um Milch und um einiges mehr. Milchtankstellen heißen die Automaten, die – in mehr oder weniger pittoreske Hütten eingebaut – Leckeres zum Mitnehmen feilbieten. Und zum Bezahlen, versteht sich, mal Cash mit Münzeinwurf, mal mit Karte, mal per App. Zumeist gibt es gekühlte Rohmilch in Pfandflaschen, aber auch andere Erzeugnisse vom eigenen Hof oder von Mitstreitern, die etwas zum Sortiment beisteuern: hausgemachte Nudeln, vakuumverpackter Schinken und mariniertes Grillgut, Eier von freilaufenden Hühnern, Mutters Marmeladen und Honig aus

eigener Imkerei, Kartoffeln und Spargel, Äpfel ...
Die Familie Becker vom Vulkaneifelhof in Manderscheid hat noch eine besondere Wegzehrung in den Automaten namens »Milchbar24« gepackt: Eis verschiedener Sorten, von Baileys bis Fruchtsorbet. Die Milch und die Sahne hierfür laufen tagsüber im Frischepack namens Euter auf den Wiesen herum.

Zumeist sind die Milchtankstellen 24/7 geöffnet, außer ein Hofhund würde sich aufregen und zu nachtschlafender Zeit Alarm schlagen, sobald Du Dich näherst. Einbrecher, die gratis an die nahrhaften Inhalte der Automatenfächer kommen wollen, werden in der Regel von Videokameras identifiziert. Der einzige Nachteil ist, dass es oft detektivisches Gespür erfordert oder aber reiner Zufall ist, die segensreichen Nahversorger in der Eifel zu finden. Nicht einmal Google spuckt auch nur halbwegs alle Adressen aus. Manchmal offenbaren sie sich spontan, während Du über die Landstraßen gleitest. Es lohnt sich, einfach loszufahren, die Augen offenzuhalten und – natürlich nur gemäß StVO und nach Blick in den Rückspiegel – beherzt zu bremsen, solltest Du einen Blick auf das Schild »Milchtankstelle« an einer Hofeinfahrt erhaschen.

Für etliche Eifelbauern ist die Direktvermarktung nicht nur eine Nische, die in Automaten oder

Hütten passt. Für sie ist es Überzeugung, Existenzgrundlage und Leidenschaft pur. Die Hofläden der Eifel drängen sich allerdings nicht auf, sie wollen gesucht und gefunden werden, was sich als angenehme Mischung aus Schnitzeljagd und Sightseeing-Tour durch die Landschaft gestalten lässt. Doch ganz auf sich allein gestellt sind Fans von Lebensmitteln und Genüsslichem direkt vom Hof nicht. Ein Netzwerk namens »Von hier Vulkaneifel« bietet mit einer Website Erhellendes auf der Suche nach dem, was in Hofläden und Manufakturen das Licht der Welt erblickt. In Bitburgs Stadtmitte gibt es die Bauernmarkthalle, in der mehr als ein Dutzend Landwirte der Region gemeinsam das saisonale »Best of« ihrer Erzeugnisse verkaufen. Und manchmal ist es gut, wenn die Zeit stehen geblieben ist. In **Schalkenmehren** verwaiste jahrelang der ehemalige Dorfladen am Ufer des Maares vor sich hin. Ein Blick durch die Schaufenster offenbarte eine traurig verstaubende Originaleinrichtung aus den 1960er Jahren, in denen sich die Reste eines längst historischen Sortiments »Gute Nacht!« sagten. Das ließ die Nachbarin Lisa Scheiner, ihres Zeichens Inhaberin des Cafés Maarblick nebenan, nicht ruhen. Sie machte aus dem Zeitloch die »Maaritime LebensArt«. In den warm glänzenden, polierten Regalen und in Omas umfunktionierten Wohnzimmeranrichten stehen nun Unikate aus den Manufakturen und Ateliers der Eifel, gepaart mit allem, was man fürs alltägliche Überleben an Eifelprodukten so braucht: Kekse und Käse, Likör und Leckerlis für den Hund, Honig und Holundersaft ...

Manche unmittelbar an einen Bauernhof geknüpfte Hofläden haben den Status echter Prominenz erreicht. Man merkt es an vollen Parkplätzen mit Autokennzeichen von weither, zum Beispiel beim Hof Breit in der Nähe von **Wittlich**. Die aus den Niederlanden stammenden Paul und Eugenie Brandsma fanden in der fruchtbaren Wittlicher Senke 1990 ihr von Göttin Demeter gekröntes Glück, denn seitdem bewirtschaften sie den Hof und die umliegenden Felder nach biodynamischen Richtlinien. Kühe in Weidehaltung, freilaufende Hühner und Schweine, die auf Stroh ihren Spieltrieb ausleben dürfen, bevölkern außer dem menschlichen Personal das Areal. Als »Lernort Bauernhof« lockt die Idylle neugierige Kids und deren Eltern. Die Milch wird in der eigenen Käserei verarbeitet, Saft wird aus den Früchten der eigenen Streuobstwiesen gepresst, Kräuter und Gemüse stammen aus dem Garten, den die eigens gegründete Solawi (Solidarische Landwirtschaft) pflegt. Und der Hofladen, der all das und noch Hunderte andere Köstlichkeiten bietet, wurde schon mal von der Fachzeitschrift »Schrot & Korn« als bester in Deutschland mit der Goldmedaille ausgezeichnet.

Der Ulmenhof in **Sarmersbach**, zwischen Daun und Kelberg gelegen, teilt diese Weihen und ebenso das Vollsortiment samt eigener Käserei, hier alles in Bioland-Qualität. Anstelle von umtriebigen Schweinen tummeln sich Ziegen auf dem Hof und fühlen sich sauwohl, aber sonst ist es auch hier wie im Bilderbuch: keine industrietauglich getrimmte Monokultur, sondern facettenreiche Kreislaufwirtschaft. Auf einer kleinen Sonnenterrasse kannst

Du es Dir im Sommer gemütlich machen, hausgemachten Kuchen essen und in den blühenden Garten schauen. Der Ulmenhof ist Demonstrationsbetrieb Ökologischer Landbau. Du kannst sehen, hören, riechen und schmecken, wie Landwirtschaft im Einklang mit der Eifelnatur geht.

Nicht nach Bullerbü, sondern nach hochmoderner, dennoch naturnaher Landwirtschaft sieht es im Hofladen der Dreigenerationenfamilie Adams in **Polch** aus. Je nach Saison sind Kartoffeln, Spargel, Möhren, Kürbisse, Zwiebeln, Wassermelonen und Erdbeeren die Hauptprodukte, denn die Pellenz – also jener wellige Zipfel der Eifel im Osten zwischen Rhein und Mosel – bietet dafür die idealen Böden und das perfekte Klima. Mit etwas Glück begegnest Du Nadja Adams im Laden. Falls sie Dir bekannt vorkommt: Sie kochte tatsächlich bei »Lecker aufs Land«. Neben dem Hofladen ist eine stylische Küche für Kurse eingerichtet, in denen Du von ihr oder von Kerstin Döring, Finalistin bei der »Küchenschlacht«, den kreativen Umgang mit den Erzeugnissen des Hofes lernen kannst.

AUSFLUG 4 / NOBLESSE OBLIGE ODER DIE LECKERE NÄHE ZU LUXEMBURG

Das Großherzogtum Luxemburg wird von den Eifelern liebevoll »Ländchen« genannt. Dabei ist zumindest in Sachen Essensgenuss gar keine Verkleinerungsform angebracht. Die Künste etwa von Sterneköchin Léa Linster, die als erste Frau den Bocuse d'Or gewann, sind legendär. Zugleich sind sie das, was jenseits der Grenzflüsschen Sauer und Our als standesgemäßes Niveau für ein nicht allzu frugales Sonntagsmahl gilt. Das setzt Maßstäbe und spornt an. Keine zehn Kilometer von der Grenze entfernt ist aus einem der traditionellen Hofgüter Westeifel eine Anlaufstelle für alle geworden, die raffinierte Gaumenfreuden mit bodenständigregionaler Philosophie und Ursprünglichkeit lieben: das Hofgut Sachsen-Wagner in **Geichlingen**. Auf den Feldern ringsum gedeihen Sonnenblumen oder Senfsaaten, die in der eigenen Ölpresse verarbeitet werden. Getreide wie Dinkel und Buchweizen steht auf den Äckern, auf den Weiden grasen Mutterkuhherden von Black Angus, Wagyus und Limousin. Galloways halten ein Tal frei, in dem auch wilde Orchideen zu finden sind. All das wird in der Hofküche unter den Händen von Landwirtin Uschi Wagner, ihres Zeichens siegreiche Köchin bei »Lecker aufs Land«, zu Chutneys und anderer Feinkost kreiert, die im Hofladen in Geichlingen zu haben ist.

Im Nachbardorf **Körperich** ist die Familie Sachsen-Wagner Erfinderin des »Genusswerks«. Hier kannst Du Kochkurse belegen oder aber im Restaurant jenes auf der Zunge zergehen lassen, was so ungemein lecker auf dem Land ist. Denn das kommt im Fernseher natürlich nicht so wirklich zur Geltung. Dabei schweift Dein Blick über die sattgrünen Hänge des Gaybachtals. Ganz nebenbei ist »Genusswerk« ein Musterbeispiel Eifeler Findigkeit. Das futuristische Gebäude sollte als Teil der Expo 2000 ursprünglich der Umweltbildung dienen und mit Ausstellungen, Tagungen oder Events zeigen, wie sich Fuchs und Hase »Gute Nacht« sagen und warum das so ungemein wichtig ist für die Welt. Es sollte zeigen, wie sich die Spezies Mensch etwas vernünftiger verhalten kann. Doch das »Gaytalpark« genannte Ökozentrum, dessen schon damals energetisch vorbildlicher Bau vier Millionen Euro verschlang, erfüllte die Erwartungen nie, 45.000 Menschen pro Jahr anzulocken. 1996 wurde es eröffnet, 2011 mangels Besucherandrang geschlossen. Fünf Jahre später kam die Rettung. Die Liebe zur Natur geht eben auch »nur« durch den Magen – oder über die Zunge. Seitdem stimmt die Resonanz.

Dein Bewegungsdrang und der Wunsch, wenigstens ein paar der Genusskalorien wieder zum Schmelzen zu bringen, inspiriert Dich zu einer Runde auf dem Weg Nummer 42 des Naturparks Südeifel. Und so gelangst Du auf mal schmalen steinigen Pfaden und mal auf breiten Forstwegen zur Burg des Dörfchens **Roth an der Our**. Die Barockanlage samt uraltem Baumbestand und roman(t)ischer Ordenskirche ist leider nur etwas fürs entfernte Auge, denn sie ist in Privatbesitz. Doch zur **Burg Vianden** ist es nicht mehr weit, sie thront höchst spektakulär auf einem Felssporn und kann auch mithilfe eines Sessellifts erobert werden.

Die Burg ist Touristenmagnet und gilt als eine der schönsten in Westeuropa. Sie beherbergt immer wieder Kunstausstellungen oder Konzerte von internationalem Rang. Als im Jahr 2000 die frisch gekrönten Königlichen Hoheiten Henri Albert Gabriel Félix Marie Guillaume, Herzog von Nassau, und seine Gemahlin Maria Teresa ihren Antrittsbesuch bei den »Untertanen« in Vianden – oder Veianen auf Lëtzebuergisch – ihren Antrittsbesuch absolvierten, war die gesamte steile Hauptstraße vom Our-Ufer bis hoch zur Burg in ein Meer aus rot-weiß-blauen Fahnen getaucht. Es ist ruhig geworden im Ort, die einstige Fülle an Restaurants ist stark ausgedünnt – jedoch nicht so sehr, dass Du auf gutes Essen und Trinken verzichten müsstest. Das geht nicht nur auf die traditionelle luxemburgische Art, die viele Stunden am Tisch und steigenden Alkoholpegel angesichts von Aperitif, korrespondierenden Weinen und Digestif mit sich bringt, obwohl im Großherzogtum derlei Konsum am Steuer noch strenger geahndet wird als in Deutschland. Sondern unten an der Our-Brücke kannst Du mit Eis oder Fritten in der Hand auf die Schnelle eine Pause machen und relaxt über das Strömen des Wassers meditieren. Oder Du tauchst ein in die Welt der Weltliteratur des 19. Jahrhunderts. Ein kleines Museum ist Victor

Hugo gewidmet, der zeitweise hier lebte und arbeitete. Aus seiner Feder stammen Klassiker wie »Der Glöckner von Notre Dame« oder »Die Elenden«.

www.genusswerk.de
www.castle-vianden.lu

AUSFLUG 5 / NIX ZU MECKERN RUND UMS PULVERMAAR

Das Pulvermaar in der Vulkaneifel ist eines der größten wassergefüllten Eifelmaare. Auf jeden Fall ist es mit 74 Metern das tiefste. Der kreisrunde, vom Vulkanismus vor rund 23.000 Jahren in die Landschaft gesprengte See ist fast ganz von dichtem Wald umgeben, unterbrochen lediglich von einem Campingplatz und einem Naturfreibad. Ein Wanderweg, der auch als Joggingstrecke ohne große Steigungen oder Gefälle geeignet ist, umrundet das Maar unter dem Laubdach und gewährt stets den Blick auf die geheimnisvolle Wasseroberfläche. Forscher, die sonst in Japan oder auf Hawaii ihrer Passion nachgehen, suchen in einer Tephragrube im äußeren Kraterrand des Maares nach weiteren spannenden Kapiteln in der Geschichte des Eifeler Vulkanismus und werden immer wieder fündig. Am Pulvermaar wird klar, dass die Geologie noch längst nicht alle Fakten kennt.

Von solchen wissenschaftlichen Weihen und sogar von der explosiven Vergangenheit ihrer Heimat gänzlich unbeeindruckt sind die knapp 200 tierischen Mitarbeiterinnen des nahen Vulkanhofs von Manuela Holtmann. Am Rande des Dorfes **Gillenfeld** produziert sie mit ihrer Familie den laut Frankfurt International Trophy besten Käse der Welt, und zwar aus der Milch der Weißen und Bunten Deutschen Edelziegen. Die »Eifelwürze mit Naturrinde« setzte sich gegen mehr als 500 Wettbewerber aus 16 Ländern durch. Als Inge Thommes-Burbach, Manuela Holtmanns Mutter, vor Jahren von Milchkühen auf Ziegen umsattelte, war das natürlich verbunden mit allerlei neuen Aha-Erlebnissen. Einer dieser erhellenden Momente verbindet uns. Ich wollte direkt am Hof, der damals noch keinen ausgefeilten Laden hatte, ein großes Stück Käse erstehen. Ich hatte Besuch aus Frankreich und es erschien mir als Sakrileg, eine dieser eingeschweißten 08/15-Sorten mit Plastikaroma zu kredenzen. Inge bedauerte, der Hartkäse sei gerade ausverkauft, aber sie wollte zur Sicherheit nochmal nachschauen. Zurück kam sie mit einem wohlgerundeten Laib, dessen Rinde charaktervoll rau war. Diesen Rest habe sie noch in der Kühlung gefunden, wohl schon etwas älter, darum könne ich ihn einfach mal mitnehmen und Feedback geben, wie er mundet. Und wie der schmeckte! Es war exakt jener gut gereifte Käse, der jetzt als Weltbester gilt. Gratis würde auch ich ihn nicht mehr bekommen.

Der Vulkanhof-Käse ist im Luxussegment des KaDeWe auf dem Kudamm ebenso zu finden wie in der offiziellen Küche des Bundespräsidenten, etliche Sternerestaurants haben ihn auf der Karte und bei »Lecker aufs Land« konnte Manuela Holtmann zeigen, was geschmacklich in ihm steckt. Aber nahbar und bodenständig ist der Hof geblieben. Hier gibt es kein Schickimicki, dafür jedoch eine Fülle verschiedener Käsesorten, würzige Rohesser aus Ziegenfleisch, Ziegenmilchseifen, Moselweine, Honig und Marmeladen aus der Umgebung oder Plüschziegen zum Liebhaben. Im sonnigen Innenhof kannst Du Ziegeneis schlecken, das ganz anders schmeckt als industrielles, oder frisch gebrautes Bier mit Ziegenmolke trinken. In der Schaukäserei erlebst Du die Käseherstellung live und Kurse im Käse- oder im Seifenmachen animieren Dich zum Nachahmen. Bei Ziegenwanderungen kommst Du auf Trab. Der Vulkanhof ist zugleich Mitglied im Programm »Lernort Bauernhof« und sorgt dafür, dass die Kids der Faszination dieser dauerneugierigen Tiere erliegen – vermutlich eine Art Seelenverwandtschaft zwischen eigenwilligen Vierbeinern und menschlichem Nachwuchs, der auch nicht immer tun mag, was man ihm sagt. Wenn Du den Ziegen im Stall nahe kommst, kann es sein, dass ein besonders freches Exemplar mit seinen merkwürdigen Pupillen Dein Outfit anknabbert, und wenn Du es zur Seite schieben willst, merkst Du verblüfft: Die Hörner sind handwarm! Mich hat eine Ziegenmutti beinahe erdrosselt. Seitdem würde ich mich nie mehr mit locker geschlungenem Schal über die Absperrung beugen, um so ein Individuum zu tätscheln. Ich schaue lieber mit respektvollem Abstand zu, wie sie scheinbar schwerelos herumturnen, und ergebe mich meinen diesbezüglichen Neidgefühlen.

Im Nachbardorf **Ellscheid** ist Federvieh der Star. Bei Familie Janshen gackert es, Enten, Gänse und Hühner bevölkern Wiesen und Ställe. Das Geflügelfleisch, die Eier und hausgemachte Nudeln sind die Renner im Landgasthof und im Hofladen. Denn aus dem einstigen reinen Bauernhof ist ein Ausflugslokal mit Direktvermarktung geworden. In Daun am Marktplatz haben die Janshens auch noch eine Dependance: »Geflügellädchen« nennt sie sich und hat auch Käse, Nudeln, Wein oder andere Eifelprodukte im Sortiment. Kein Geheimtipp, sondern zum Bedauern leer ausgehender Fans schnell ausverkauft ist der hausgemachte Geflügelsalat, bei dem saftiges Fleisch die Hauptzutat ist und der nicht in Mayonnaise ertrinkt. Dafür lässt Du garantiert jedes Industrieprodukt stehen. Trost für Zuspätkommer spendet jedoch beispielsweise Hähnchenbrust gefüllt mit Frischkäse und gewürzt mit Rosmarinzweigen.

Am anderen Ende von Ellscheid, in einem abgeschiedenen Seitental, liegt der Mürmes versteckt. Auch der ist ein Maar, allerdings schon in einem ziemlich weit gediehenen Zustand der Verlandung: nasser Sumpf, Heimat von Amphibien und Wasservögeln. Der Antoniuswanderweg durchquert die grüne Wildnis. Das dritte Dorf in der Nähe heißt **Immerath** und hat nicht nur ein eigenes Maar zu bieten, sondern auch einen »Parcours der Sinne« mit Stationen, an denen Du balancieren, Dein Gehör feintunen oder Deinen Scharfblick testen kannst. Und das Dorf hat ein Schulmuseum, in dem Dich die Strenge des Unterrichts alter Zeiten anweht.

Pulvermaar, Mürmes und Immerather Maar lassen sich einzeln auf angenehmste Art und anstrengungslos umrunden oder aber mit etwas mehr sportlicher Ambition auf etlichen ausgeschilderten Strecken verbinden, zum Beispiel auf der Määrchenroute (kein Tippfehler!), die ihrerseits der östliche Teil des Vulcano-Pfades ist und der wiederum ein sogenannter Mußepfad der Eifel. Diese Mußepfade sind ihrerseits Partnerwege des Eifelsteigs. Du erkennst: Touristiker und viele andere haben offensichtlich jede Menge Hirnschmalz in die Ausarbeitung und Benennung der Routen gesteckt. Aber Hauptsache, fürs lukullische Hofglück beim Spazierengehen in der Gegend ist gesorgt. Großartig verirren kannst Du Dich nicht. Und selbst wenn, verhungern wirst Du nicht.

www.vulkanhof.de
www.janshen-ellscheid.de

AUSFLUG 6 / ERWIN GIBT SEINEN SENF DAZU

Mitten in der Eifel, unweit der Grenze zwischen Nordrhein-Westfalen und Rheinland-Pfalz, ist im Dorf **Birgel** eine Art Gnadenhof für Mühlen entstanden: das Refugium der Historischen Wassermühle, wobei zugegebenermaßen nicht mehr Wasser eines vom Flüsschen Kyll abgezweigten Bachs das Antriebsmittel ist. Strom tut's auch, möglichst in der Ökovariante. Die Ursprünge der Getreidemühle jedoch sind echt »wässrig«. Aber Erwin Spohr, einst Sanitär- und Installationsmeister mit entsprechendem eigenem Betrieb, war nicht davon abzuhalten, aus seinem Hobby eine Art Gesamtkunstwerk und Erlebnismuseum mit Restauration zu machen – mit insgesamt vier Mühlen. Getreide, Öl, Senf und Holz verarbeitet er zu Brauchbarem, Nützlichem und vor allem Leckerem. Außerdem bietet er auf dem Areal Asyl für ansehnliche Fachwerkhäuser, die er aus der gesamten Großregion vor dem Verfall rettete, in Birgel wieder aufbaute und zu knuffigen Gästeherbergen machte.

Die Müllerei ist Erwins absolute Passion, sodass er nun halboffiziell Erwin von der Mühle heißt. Jedenfalls will er von seinen Gästen so genannt werden. Es braucht technisches Verständnis und bisweilen grobmotorisches Handwerkszeug für Reparaturen an den rustikalen Maschinen aus dem 19. und frühen 20. Jahrhundert, die da wummern, sägen, mahlen und direkt das Bauchgefühl triggern, wenn man danebensteht. Alles funktioniert wie anno dazumal, die wuchtigen Antriebe und Mahlwerke erweisen sich als resistent gegen die Tücken der digitalen Moderne. Erwin braucht zudem Gespür und Experimentierlust für gute Rezepte, die sein Team im »Wirtshaus zum Sägewerk«, im Gourmet-Bereich »Le Moulin« und im Brauhaus-Restaurant auf die Tische bringt. Brauhaus-Restaurant? Genau, Erwins Umtriebigkeit ist mit dem Mahlen längst nicht ausgelastet, Brauen ist sozusagen das kongeniale Standbein – das Backen von eigenem Brot nicht zu vergessen. Die meisten pflanzlichen Zutaten, vor allem Senfsaaten und Getreide, sind bio und regional. Und Erwin wäre nicht Erwin, wenn er nicht auch noch eine Schnapsbrennerei eingerichtet hätte. Du ahnst, dass hinter all der lässigen, rheinisch-eifelerischen Gemütsruhe dieses Mannes jemand steckt, der richtig und ganz macht, was er anfängt. Wenn schon, denn schon, keine halben Sachen. Der auf diese Weise handwerklich perfekte Senf, aber auch Liköre, diverse Öle, Destillate und anderes mehr würzen etliche Gerichte, die auf der Karte von den zur Mühle gehörenden Restaurants und des Biergartens stehen. Und vieles gibt es im Mühlenshop »to go«, sodass an Souvenirs kein Mangel herrscht.

Wer es schafft, sich aus dem Faszinosum der Historischen Wassermühle zu befreien – was längst nicht jedem gelingt –, kann zwecks Erweiterung des kulturellen Horizonts ein paar Kilometer weiter nach **Mirbach** fahren. Es ist ein typisches Eifeldorf, an dem in der Regel eilig vorbeirauscht, wer von der A1 kommend in die Vulkaneifel einfällt und an Hillesheim vorbei zu den Maaren will. Das Stück Landstraße ist eine berühmt-berüchtigte Rennstrecke, welche eine in der A1 klaffende Lücke von etwa zwanzig Kilometern überbrückt. Um den »Lückenschluss« dieser Autobahn, die im Prinzip Spanien mit Skandinavien verbindet und deren reibungsloser Fluss ausgerechnet bei den Eifeler Vulkanen versiegt, wird seit etlichen Jahrzehnten mit harten Bandagen gekämpft. Die Naturschützer sind vehement dagegen, die regionalen Unternehmen vehement dafür, dass auch diese restlichen Kilometer Asphalt durch die Wälder und Auen geschlagen werden. Fast in Rufweite von Mirbach wurde der Industrie- und Gewerbepark Wiesbaum aus dem Boden gestampft mit der Aussicht, irgendwann in naher Zukunft eine eigene Autobahnauffahrt zu haben. Unter anderem Tofu und vegane Convenience-Nahrung werden hier gemacht.

Mirbach hingegen wirkt verträumt wie eh und je, es liegt auch nicht direkt an der Piste. Hier geht es nicht um die Steigerung des Bruttosozialprodukts, sondern um Kunst und Andacht. Das Dorf beherbergt eine architektonische Rarität: die Erlöserkapelle, fast gänzlich mit goldenem Mosaik ausgekleidet. Der romanische Baustil täuscht, die für eine Dorfkirche imposante Erscheinung stammt aus dem wilhelminischen Kaiserreich. Die Kapelle ist die kleine Schwester der großen Erlöserkirche in Gerolstein. Der preußische Freiherr Ernst von Mirbach, dessen Familie aus dem Eifeldorf stammte, gab sie in Auftrag. Als Fan des romantisierenden Megatrends der Jahrzehnte vor dem Ersten Weltkrieg ließ er sich auch dazu hinreißen, einen Steinwurf entfernt eine malerische Pseudo-Burgruine zu errichten. Er wollte damit seinen familiären Stammsitz wiederaufleben lassen, in dessen Mauerresten er als Kind gespielt hatte. Zwischenzeitlich waren jedoch die Eifeler fleißig gewesen und hatten die Steine für ihre

eigenen Zwecke gebraucht. Als der Freiherr Ende des 19. Jahrhunderts in die Gegend zurückkehrte, war kaum etwas übrig außer den überwucherten Fundamenten. Er suchte in mühevoller Kleinarbeit andernorts verbaute Reste der alten Pracht zusammen. 1902 schließlich stand die Burgruine 2.0. Der Erste Weltkrieg machte dem Sinn für Romantik ein jähes Ende, der Stammsitz derer von Mirbach wurde ein weiteres Opfer von Zeit und Botanik.

Die Botanik versetzt Dich ein paar Kilometer weiter im Lampertstal und in den Alendorfer Kalktriften in ein toskanisches Lebensgefühl. Hier ist das Reich der ausgedehnten Wacholderheiden, die viel mehr als das norddeutsche Pendant an urige Locandas, halb verlassene Bergdörfer oder die Gemälde der Renaissance erinnern. Denn der magere und wasserdurchlässige Boden, auf dem nur botanische Spezialisten überleben, ist hügelig mit steilen, der Sonne zugewandten Hängen. Kalkfelsen schimmern zwischen den Gräsern hervor. Sogar einen Kalvarienberg mit spektakulärem Eifelweitblick gibt es bei **Alendorf**. Es duftet ab dem Frühling nach herben Kräutern und süßlichen Blüten, seltene Schmetterlinge taumeln durch die warme Luft und lassen sich bis in den tiefen Herbst auf violetter Calluna, winzigen Orchideen, Enzian, Küchenschelle, Seidelbast oder auf den zypressenschlanken Sträuchern und Bäumen nieder. Eher versteckt bleiben Eidechsen und Blindschleichen. Hier kannst Du stundenlang spazieren gehen und immer wieder Pause machen. Am zweiten Wochenende im August wird die Heidelandschaft rund um Alendorf musikalisch und zünftig in Szene gesetzt, dann steigt das Wacholderfest. Die Feuerwehr ist der Motor des Geschehens, das viel mit Folklore und allen möglichen festen und flüssigen Genüssen zu tun hat, in denen Wacholder vorkommt. Wenn Du allerdings die Stille liebst, bist Du auf dem Kreuzweg zwischen dem zu Blankenheim gehörenden Weiler **Dollendorf** und dem noch viel kleineren **Schloßthal** richtig. Die spirituelle Wegstrecke verläuft oberhalb des Lampertstals mit Kreuzstationen aus rotem Sandstein, die über der offenen Landschaft in den Himmel ragen. Die barocke Kapelle des heiligen Antonius von Padua ist das architektonische Highlight eines Spaziergangs, der Dich weiter zu einer im Wald versteckten Wehrburg-Ruine führt. Von hier führt Dich im Frühling ein unverwechselbarer Geruch ins Tal hinab. Weite Teile des Waldbodens sind mit Bärlauch bedeckt.

www.muehlebirgel.de
www.eifelkirchen.com/Mirbach
www.wacholderfest.de

Bodenständig und vom Feinsten – Spitzengastronomie

Wer in ein Spitzenrestaurant einkehrt, dem geht es ums Essen. Das ist eine triviale Weisheit angesichts der Euros, die für ein Mehrgangmenü mit korrespondierenden Weinen diskret in die Schatulle des bestens geschulten Servicepersonals zu legen sind. Die wenigsten stiefeln in bequemer Casual-Kluft in heilige Genusstempel, die mit Michelinsternen oder Gault-Millau-Mützen ausgezeichnet sind. Wer mag schon die Peinlichkeit auf sich nehmen, mit vom Waldboden schlammverkrusteten Trekkingschuhen Spuren auf der Designer-Auslegeware zu hinterlassen? Und sowieso will ein Besuch in der Top-Gastronomie auch in der Eifel gut geplant sein, Wochen oder gar Monate vor dem Date sollte der Tisch reserviert werden. Ein spontaner Ausflug, nur weil das Wetter gerade so schön oder im Gegenteil so schlecht ist, dass man lukullischen Trost braucht, ist eher nicht möglich. Wer glaubt, das etwas tumbe und bildungsferne Eifel-Image von »Mord mit Aussicht« sei zielführend für einen Aufenthalt in der Region, irrt gewaltig. Kein Wunder, war doch kaum eine Szene der Serie wirklich in der Eifel gedreht.

Dabei können die Grenzen zwischen nobel und leger durchaus fließend sein, wie man am Beispiel des Dreisternerestaurants Waldhotel Sonnora in **Dreis** sieht. Am Rande eines typischen Südeifeldorfes ist ein Mekka der Haute Cuisine entstanden, und zwar aus einer bodenständigen Sommerfrische, in der Mutter Thieltges »einfach nur« sehr gut kochte. Die Passion gab sie an ihren Sohn Helmut weiter, seines Zeichens ausgefuchster Perfektionist. Das Ergebnis: Internationale Fachleute nannten sein Restaurant eine »Pilgerstätte für Feinschmecker aus aller Welt«, vor der man sich »in großer Ehrfurcht verneigt«. Ein gewisser Clemens Rambichler wurde sein Sous-Chef. Und als Helmut Thieltges 2017 plötzlich starb, fragte sich die Gourmet-Welt, ob das Niveau gehalten werden könnte. Die Antwort war sofort und überzeugend ein großes Ja. Nur hochwertigste Zutaten kommen bei Rambichler in die Küche: Hummer aus St. Malo, Kaviar, Valrhona-Guanja-Schokolade und solche Dinge. So können Feinschmecker eine achtgängige kulinarische Reise zu den exklusivsten Köstlichkeiten der ganzen Welt machen. Die Eifel ist mit entsprechender Qualität würdig vertreten, etwa bei Rehrücken aus heimischer Jagd, Bio-Eiern und Bio-Kartoffeln oder Eifeler Waldbeeren. Der Ruhm führte nicht zu Abgehobenheit. Im Sonnora kann man auch eingefleischte Eifeler treffen, die für ein solches Menü als Highlight des Jahres ein Weilchen ansparen.

Es gibt darüber hinaus in der Eifel einige Ein- und Zweisternerestaurants: derzeit das PURs in Andernach, Kucher's Gourmet in Darscheid, Steinheuers Zur Alten Post in Bad Neuenahr-Ahrweiler, Bembergs Häuschen in Euskirchen und Brockel Schlimbach in Nideggen. Andere wurden mit dem Bib Gourmand ausgezeichnet, wie das Gasthaus Assenmacher in Altenahr oder das Schloss Niederweis bei Bitburg. Der »Bib« ist für jene gehobenen Küchen, bei denen das Preis-Leistungs-Verhältnis sowohl Blutdruck wie Kreditkarte schont, sofern das in dieser Liga möglich ist. Und es gibt ganz viele Restaurants, in deren Küchen unverschämt gut gekocht wird, die aber bislang unter dem Radar der Fachjurys fliegen. Manche tun das ganz bewusst, weil sie ihre entspannte regionale Lebensart bewahren wollen und nicht darauf erpicht sind, dass die Gourmets der Welt auf sie einstürmen. Andere hätten nichts gegen den Run von Sternesuchern, aber wurden noch nicht entdeckt. Das kann als Ansporn an Gäste verstanden werden, diese Restaurants zu »petzen«. Denn die Redaktionen der ehrenwerten Fachmagazine finden neue Kandidaten für die Feinschmeckerweihen nicht ganz allein, »a little help from my friends« ist notwendig.

Einer derjenigen, die Chancen auf derartige Empfehlungsschreiben haben, ist Kevin Müllerstein vom Restaurant Zur Neroburg in **Neroth**. Das Haus hat den nostalgisch-rustikalen Charme eines Landgasthofes, der mit Hausierertopf und Jägerschnitzel die lukullischen Begierden von Wanderern erfüllt. Der Eifelsteig führt durchs Dorf, der Hausvulkan Nerother Kopf will samt Burgruine erobert werden – es gibt also genügend Argumente für den großen Hunger und ein frisch gezapftes Bier. Wäre da nicht auf der alle paar Wochen wechselnden Speisekarte auch noch anderes wie beispielsweise Geflämmte Rochenflügel an Dashi-Schaum. Hummer und Döppekooche sind bei Müllerstein, der bei Sterneköchen lernte, kein Widerspruch.

Um es in die Spitzenklasse zu bringen, müssen beim Nachwuchs Talente und Neigung früh geweckt werden. Das ist im Sport oder in der Musik schließlich nicht anders. Zum Zweck der Infektion mit dem Virus der Kochleidenschaft wurde das Projekt »Europa Miniköche« gegründet, und eine Sektion verlockt auch kleine Eifelerinnen und Eifeler, selbst Hand ans Essen zu legen und nicht immer nur Fischstäbchen oder Instant-Nudeln mit Tomatensauce zu konsumieren. Unter der Schirmherrschaft eines bundesweit bekannten Politikers, der aus Arzfeld in der Eifel stammt, testen derzeit knapp vierzig Kids mit Verve ihre Kräfte beim Gemüseschneiden, Rühren, Abschmecken und allem, was sonst noch in der Küche zu tun ist. Da sie das Ganze in echter Berufskluft mit Mütze und stylischen Jacken tun können, macht es umso mehr Spaß.

www.hotel-sonnora.de
www.purs.com
www.kucherslandhotel.de
www.steinheuers.de
www.burgflamersheim.de
www.burgrestaurant-nideggen.de
www.assenmacher-altenahr.de
www.schloss-niederweis.de
www.neroburg.de

AUSFLUG 7 / **LANDLUST IN BEMBERG**

Wasserschlösser und Wasserschlösschen in Hülle und Fülle verstecken sich in den sanft hügeligen

Eifelausläufern zwischen Rhein und der Hocheifel. Mindestens zwanzig von ihnen träumen vor sich hin: Satzvey, Eicks, Ringsheim, Wachendorf, Veynau ... Fast jedes Dorf hat sein eigenes, einst hochherrschaftliches Anwesen. Das geht dem Flecken **Flamersheim** nicht anders, hier gibt es ein barockes Schlösschen mit Teich und Park samt altem Baumbestand. Seine Ursprünge sind im 14. Jahrhundert bezeugt, seit Mitte des 19. Jahrhunderts gehört es der Familie von Bemberg. Bembergs Häuschen war schon immer der volkstümliche Name einer romantischen Jagdhütte nicht weit vom prächtigen Gutshof. Seit 2011 heißt so jedoch auch ein Sternerestaurant im Schloss. Der ehemalige Rinderlaufstall verwandelte sich unterdessen in ein ebenfalls gehobenes, aber nicht abgehobenes Restaurant: Eifelers Zeiten, natürlich mit jeder Menge Eifeler Touch bei Zutaten und Rezepten. Das Flamersheimer Lamm vom Pützhof zum Beispiel hauchte auf delikateste Weise sein Leben aus, aber auch Vegetarier und Veganer müssen keinen Bogen um die Burg Flamersheim machen. Ein sonniger Biergarten verführt dazu, möglichst lange hier zu faulenzen.

Was man tun kann, aber nicht tun muss, wenn es ein richtiger Ausflug werden soll. Meditative Abbitte für vielleicht ausuferndes Schlemmen kannst Du in der Bruder-Klaus-Kapelle bei **Wachendorf** leisten. Sie hat so gar nichts Romantisches an sich, der Kontrast zum Barockschloss könnte nicht größer sein. Windumtost mitten auf dem Acker steht sie da als aufrechte, strenge, Beton gewordene Andacht. Nur zu Fuß ist der weithin sichtbare Bau erreichbar, den der Schweizer Architekt Peter Zumthor entwarf. Vielleicht dachte er an die keltischen Menhire, die vor Urzeiten in der Gegend standen. Ins Innere kommst Du durch einen schmalen Spalt. Und Du bist sofort verzaubert, denn dämmriges Licht fällt durch eine Öffnung im Dach und durch mundgeblasene, runde Gläser. Man hat das Gefühl, in einer Kathedrale aus dicht belaubten Baumstämmen zu stehen. Nichts lenkt ab von der Stille, Du kommst in der dämmrigen Atmosphäre zur Ruhe, als wärest Du zurück in Deiner Mutter. Meistens jedenfalls. Sensible Gemüter empfinden es als störend, wenn draußen im prallen Sonnenlicht noch fröhlich krähende Touristen stehen, deren Geräuschkulisse bis zu Dir vordringt. Und Du hoffst, dass sie bald den Weg hinein finden und Deine Andacht teilen. Keine Angst, das klappt fast immer.

Aber irgendwann lockt doch der Trubel. Raus willst Du, und zwar mitten ins Leben. Die Altstadt von **Bad Münstereifel** ist ein Paradebeispiel für die

Beharrlichkeit der Eifeler. Die von einer Stadtmauer umgebenen und von vier wuchtigen Stadttoren bewachten Gassen sind Zeugen einer wildbewegten Vergangenheit samt Burg, die im 14. Jahrhundert erbaut wurde. Ein Faible für Handel und Handwerk hatten die Bewohner schon immer, denn Wollwebereien, Gerbereien, Brauereien, Münz- und Marktrecht sowie Gerichtsbarkeit machten den Ort zu einem Zentrum der nördlichen Eifel. Prächtige Bürgerhäuser säumten die Gassen. Doch Anfang der 2000er Jahre wurde deutlich, dass die Mischung aus Romantik und netter Gastronomie, zu der auch das berühmte Café des backenden Barden Heino gehörte, allein nicht reicht. Die baulichen Zuschnitte der Geschäfte sind seit jeher geeicht auf inhabergeführte Fachläden, in der ein freundliches Faktotum ein überschaubares, selbst zusammengezimmertes Sortiment bereithält. Nicht interessant jedoch waren sie für hippe Konzernketten. Immer mehr Leerstände drohten, der historischen kaufmännischen Talente zum Trotz. Die Stadt hat aus der Not eine Tugend gemacht. Von Süßigkeiten über Outdoor-Mode bis hin zu angesagten Labels findest Du in den kleinen Locations alles, dazwischen noch immer manch einen der traditionellen Läden. Beinahe hätte die sonst beschaulich durch die Altstadt fließende

Erst im Sommer 2021 der ganzen Pracht ein Ende bereitet, als sie in Form schmutzigbrauner Fluten in die Geschäfte und Cafés strömte, das Kopfsteinpflaster der Straßen aufriss und nichts als Zerstörung hinterließ. Tote Tiere wie sogar kapitale Hirsche, die sich in den Wäldern ringsum nicht mehr retten konnten, lagen in den verschlammten Straßen. Von der Katastrophe ist drei Jahre später so gut wie nichts mehr zu sehen. Zwar sind die großen schattenspendenden Bäume am ummauerten Flussufer von der Strömung fortgerissen worden, aber sie wurden durch kleinere, hoffnungsvoll in die Zukunft blickende Exemplare ersetzt. Das einst wenig stöckelschuhfreundliche Pflaster wich einer komfortableren Variante. Die Geschäfte sind wieder geschäftig, die Cafés voll und die Menschen flanieren mit prallen Einkaufstüten an den Schaufenstern vorbei.

Wenn Du jedoch keinen Kaufrausch willst, kannst Du stattdessen ins Freilichtmuseum ins nahe **Kommern** fahren. Hier machst Du eine Zeitreise zur Alltagskultur im Rheinland, wie es früher einmal war. Uralte Fachwerkbauten, Handwerksstuben, verschiedene Ausstellungen und Events versetzen Dich in die Vergangenheit. Vor allem eigene Action gibt ein Gefühl von Dankbarkeit, dass es heute viel bequemer zugeht, vor allem aber auch von Wehmut, dass diese Bequemlichkeit vielleicht auch ein Verlust an Kreativität und Originalität bedeutet. Feldarbeit mit Pferden und Ochsen, schreiben mit Federkiel, Wolle spinnen, drechseln, Kräuter trocknen und binden, Waffeln backen oder die Minen der Weltkriege räumen ... Menschen, die das selbst können und teils noch erlebt haben, zeigen Dir, wie es geht. Du ahnst, dass es vor den Computergames, Streamingdiensten und smarten Homes eine Welt gab, in der Langeweile nicht vorkam und in der jeder Mann, jede Frau und jedes Kind abends wusste, was geschafft war. Und natürlich ist auch die Gastronomie im Museum, nämlich die Gaststätte Wetteler, Retro aus den 1970er Jahren. Wenn Du froh bist, dass Dein Ausflug ins Freilichtmuseum pure Nostalgie ist und Du zurückkehrst in einen Alltag, in dem Deine Stressfaktoren ganz andere sind als damals: Du wirst dieses Feeling nie vergessen, alles ohne elektronische und maschinelle Hilfen zu können.

www.burgflamersheim.de
www.feldkapelle.de
www.cityoutletbadmuenstereifel.com
www.kommern.lvr.de

AUSFLUG 8 / WEIN, WEIHER UND GESANG – QUER DURCH DIE VULKANEIFEL

Einst stand ein typischer Eifeler Dorfgasthof in **Darscheid** zum Verkauf: klein, gediegen und in fußläufiger Nähe zum rostroten Drees, der eisenhaltigen Wasserquelle. Und ein Gastgeberpaar aus dem Schwabenlande wusste sofort, dass man aus dem Ganzen ein Paradies machen konnte. Martin und Heidi Kucher etablierten eine Küche für Leute, die es gern ländlich, fantasievoll und einen Hauch anspruchsvoll zugleich lieben. Weit über die Region hinaus strahlte Martin Kuchers Leidenschaft für erlesene Weine aus aller Welt. Eine der umfangreichsten Weinkarten in ganz Deutschland gehört seitdem zu Kucher's Landhotel, wie die ehemalige Dorfgaststätte heißt. Es lagern so wertvolle, teils auch historische »Tropfen« im Weinkeller, dass sie schon mal Langfinger verlockten. Die würden heutzutage scheitern. Ganz entspannt, legal und vom Gastgeber liebevoll kredenzt kann man die Weine erst recht genießen ... seit Sohn Florian Kucher als Küchenchef einen Michelinstern erkochte, zu noch erleseneren Menüs. Er führt gleich zwei Restaurants unter einem Dach, nämlich die Haute Cuisine und die bodenständige Weinwirtschaft, in der Du auch als Ausflügler mit oder ohne Hund willkommen bist. Die Speisekarten sind eine Art kulinarische Weltreise mit Inspirationen aus anderen Ländern, doch die regionale Frischeküche ist immer mit von der Partie, als Eifeler Wildkräuter im Salat, als Reh aus Eifeler Jagd, als Eifelrind aus naturnaher Haltung. Vegan und Vegetarisch schmeckt ebenfalls nach mehr und nicht nach Verzicht.

Martin Kucher war einer derjenigen, die mit den selbst gesammelten Wildkräutern die Initialzündung lieferte für den Pfad der Artenvielfalt, der sich in Form einer Acht durch die Natur bei Darscheid schlängelt. Kein Wunder also, dass die Rundtour von Kucher's Landhotel aus gestartet oder beendet oder für eine köstliche Pause unterbrochen werden kann. Für die gesamte Strecke brauchst Du bei normalem Wandertempo rund drei Stunden, in denen Du das Gefühl bekommst, in eine noch heile Welt einzutauchen. Baumriesen, seltene Blühpflanzen, das Rascheln verborgener Tiere, Quellen und verwunschene Kreuze begleiten Dich. Nicht ohne Grund ist der Pfad der Artenvielfalt, der von einer stilisierten Eule gekennzeichnet ist, eine sogenannte HeimatSpur.

So heißen in der Vulkaneifel 43 besondere Rundwanderungen, die Dir das geborgene Gefühl geben, eins zu sein mit der Natur. Eine von ihnen, die Wasserfall-Erlebnisroute bei **Bad Bertrich**, wurde 2023 sogar zum schönsten Wanderweg Deutschlands gewählt. Da ist allerdings Kondition und Trittsicherheit gefragt. Für die Abrundung eines sinnlichen Genusstages eignet sich ein Abstecher in die verträumte kleine Kurstadt trotzdem. Aus dem Saal der klassizistischen, einst kurfürstlichen Residenz wurde der »KulturRaum« für Konzerte und Events. Der barrierefreie Landschaftstherapeutische Park Römerkessel, der sich in einem tief eingeschnittenen Talbogen halb um den Ort erstreckt, verführt Dich zum Meditieren. Zwischen gärtnerisch designten Rabatten und Ruheecken erstrecken sich weite Rasen- und Wiesenflächen. Kids werden auf einem Spielplatz glücklich oder sie bestaunen das Federvieh auf dem Schwanenteich gleich am Parkeingang. Randständig streift der Park die schmalen Stadtgassen, die mit ihrer behaglichen Mischung aus Gastronomie und kleinen Läden aus der Zeit gefallen scheinen. Außerdem beherbergt Bad Bertrich die einzige Glaubersalztherme Deutschlands. Ganz natürlich aufgeheizt wird das heilsame Wasser vom Magma tief unten. Es ist so heiß, dass es oberirdisch auf badetaugliche 32 Grad gekühlt werden muss. Gleich sechs Vulkane schlummern unter und um Bad Bertrich, einer der wahrscheinlichsten Hotspots für künftige Eruptionen. Ich hatte mal das etwas zwiespältige Vergnügen, mit Geologen zum unterirdischen Quellort schleichen zu dürfen. Normalerweise bleibt er ein sorgsam vor der Öffentlichkeit gehütetes Geheimnis. Nach einem Einstieg unterhalb der Residenz, der nichts für steife Gelenke ist, ging es teils gebückt und schweißtreibend durch extrem schmale, klatschnasse, schlammige Gänge, an deren Ende eine steinerne Badewanne auf Besucher wartet – seit zweitausend Jahren. Denn diese Wanne ist ein Relikt der Römer, welche die Therme entdeckten.

Einen weniger beengten Eindruck von den Folgen des Vulkanismus bekommst Du außerhalb des Ortes an der Elfengrotte. Sie wird auch Käsegrotte genannt, denn die vulkanischen Schichten liegen, in einer kleinen Klamm freigespült von der Kraft des Elbesbachs, wie geschichtete Käselaibe offen zutage.

Das Ergebnis des letzten Vulkanausbruchs auf dem Gebiet des heutigen Deutschlands kannst Du wenige Kilometer von Darscheid entfernt in **Ulmen** bewundern. Das Maar ist nur 10.900 Jahre alt, Menschen siedelten da bereits in der Gegend und die Eiszeit verabschiedete sich. Wenn es windstill ist, spiegeln sich die imposante Kirche, die weiß verputzten

Häuser und die wuchtige Burgruine des Städtchens im fast vierzig Meter tiefen Wasser. Ein ursprünglich mittelalterlicher, mit Multimedia informativ aufbereiteter Stollen führt mitten durch den Kraterrand zu einem viel älteren, tiefer gelegenen Maar namens Jungferweiher (nur Eifel-Neulinge schreiben Jung-

fernweiher). Für Klaustrophobiker ist der Maarstollen mit seinem teils nur siebzig Zentimeter breiten Pfad nichts. Für geologisch Interessierte oder Gänsehautliebhaber allerdings schon. Kühl ist es hier unten in den vulkanischen Schichten, deren faszinierende Körnungen und Formen erzählen, wie viel Power die Eruption freisetzte. Der Jungferweiher ist ganz flach, sein Schilfgürtel schützt viele

Zugvögel, die auf ihrer langen Reise laut schnatternd, singend und trompetend Pause machen. Die Umgebung ist für ein solches Naturparadies eher ungewöhnlich: ein Gewerbegiet, eine Autobahn und bei Südostwind eine hörbare Standortschießanlage der Bundeswehr. Doch irgendwie schafft es der Weiher, dass weder Mensch noch Tier dies alles wirklich wahrnehmen. Viel mächtiger ist der Eindruck eines unberührten Refugiums. Am Ufer und direkt an einem Campingplatz kannst Du Appetit auf Süßes oder Deftiges im Caférestaurant Am Weiher stillen. Das tiefe Maar und den flachen Jungferweiher als einen einzigen Spaziergang zu umrunden, ist kinderleicht. Die Steigungen rund ums Maar bringen niemanden aus der Puste, und den Weiher umgibt ein barrierefreier, ebener Pfad. Du berührst auf der achtförmigen Tour auch die verwinkelten Altstadtgassen Ulmens und kannst Dich am kopfsteingepflasterten Marktplatz in einem gut gepflegten Bücherschränkchen mit kostenloser Ferienlektüre eindecken oder ein Eis essen. Die Bürgerstuben, ein urgemütliches Restaurant mit Eifeler Küche, dehnt sich im Sommer bis auf den Marktplatz aus. Samstags ist er Schauplatz eines winzigen Wochenmarktes, auf dem Du das rare Ökofleisch von Bentheimer Schweinen bekommen kannst, die vergleichsweise glücklich auf Stroh und manchmal draußen ihr Leben fristen.

Das Gegenteil des Maarstollens, nämlich ein Skywalk in luftiger Höhe, wurde einige Kilometer entfernt bei **Lutzerath** erbaut: Von der Achterhöhe aus überblickst Du das Siebenbachtal, das so heißt, weil der Üssbach sieben Mal durch die dichte Vegetation blinzelt. Der fünf Kilometer lange Erlebnisweg Achterhöhe präsentiert Dir mit etwas Behutsamkeit seltene Greifvögel live und botanische Raritäten wie Waldhyazinthen.

www.kucherslandhotel.de
www.vulkaneifeltherme.de
www.geopark-vulkaneifel.de/eifel/landschaft/ausfluege-in-die-erdgeschichte/ulmener-maar-stollen
www.gesundland-vulkaneifel.de/heimatspur-erlebnisweg-achterhoehe

AUSFLUG 9 / ALLES ANDERE ALS PECH GEHABT IN UND UM DUDELDORF

Nicht immer waren die Bewohner von **Dudeldorf** in der Südeifel von ausgesuchter Nettigkeit zu ihren Gästen. Vor allem dann nicht, wenn sie ungebeten kamen. Aus einem viergeschossigen Torturm vor den Dorfgassen, in Steinwurfweite zur Burganlage, ließen sie im 14. Jahrhundert und später siedendes Pech auf die Köpfe von Eindringlingen fließen. Heute geht es ausgesprochen freundlicher zu. Eine Familie Cillien machte aus dem Turm eine Torschänke mit allerlei leckeren Verführungen auf der Karte und zwei junge Männer – Simon Berhard und Kilian Rau – traten die Nachfolge an, als die Cilliens in den Ruhestand gingen. Die Gaststube, zwei urige Speisezimmer und eine romantisch von Efeu umrankte Terrasse sind Orte andächtigen Schlemmens, weit und breit kein Pech mehr zu sehen und zu riechen. Pech hat nur, wer sonntags kommt, denn dann hat die Torschänke geschlossen. Aber Sonntagsausflüge müssen ja nicht unbedingt sonntags stattfinden, sie heißen nur so. Die Speisekarte lässt das Wasser im Mund zusammenlaufen, hier begegnen sich Zutaten aus der Umgebung mit welchen vom berühmten Rungis. Das Eifeler Glücksschwein hat sich mit Ferkeln zu Lebzeiten auf Stroh sauwohl gefühlt, der Eifeler Prachthahn stolzierte an frischer Luft herum. Frischen hausgemachten Kuchen gibt es natürlich auch.

Die entsprechenden Kalorien kannst Du Dir beim Schlendern durch die historischen Gassen Dudeldorfs leider nicht abtrainieren, dazu ist der

Ort zu klein. Auch der LandGang, ein Weg rund ums Dorf, mit Panoramablicken und freier Sicht auf die Burg Dudeldorf verbraucht nicht so viel Energie, dass die Pfunde purzeln. Dazu würde sich ein Besuch im Eifelpark im benachbarten **Gondorf** schon etwas eher eignen. Es ist eine familiengerechte Mischung aus Freizeitpark und Tierpark, mehr als hundert Fußballfelder groß. Für Ruhesuchende hat der Eifelpark ein parkähnliches Teilrefugium und einen Barfußpfad, den Du beim Spaziergang auf Dich wirken lassen kannst. Aber vor allem geht es um eines: Spaß! Eine Wildwasserbahn, eine Sommerrodelbahn, eine Achterbahn, ein Klettergarten und rund sechzig andere Attraktionen peitschen den Adrenalinspiegel hoch. Der dann von Kuschelhormonen beim Anblick von neugierigen Erdmännchen, kulleräugigen Alpakas, brummigen Bären oder majestätischen Luchsen sofort wieder friedlich gestimmt wird. Wolfsfütterung, Greifvogelschau oder die Kunststückchen talentierter Hunde sind etwas für die Seele. Und die Kalorien? Ach ja, Wettmelken und Schubkarrenrennen sind ebenfalls im Angebot. Du sollst ja nicht vergessen, dass Du hier mitten im bäuerlichen Bitburger Gutland bist.

Es soll sie ja geben, die Fans von Militär und Lärm.

Und die Eifel wäre nicht Eifel, würde sie nicht auch solche Spektakel mit Gelassenheit nehmen. Schließlich hat sie mit den Eruptionen der Vulkane schon größere Dramen überlebt als nur menschengemachte. Wenn Du Dir den Duft von Kerosin in die Nase ziehen und Dich vom Getöse startender Kampfjets durchrütteln lassen willst, verlässt Du die ländliche Idylle und tauchst ein ins Reich der Airbase **Spangdahlem**. Das heißt, eintauchen kannst Du natürlich nicht, die GIs wissen es zu verhindern. Aber auf dem 14 Kilometer langen Wanderweg 6 des Eifelvereins Speicher kommst Du, mit Start in Dudeldorfs heiler Welt, den martialischen Realitäten schon deutlich näher. Die meisten dürften sich anschließend in die Zeiten zurücksehnen, in denen Abschreckung nichts Schlimmeres bedeutete, als den unwillkommenen Besuchern etwas Übelriechendes und Klebriges auf die Mütze zu geben, wie es einst am Torturm geschah. Aber zum Glück ist die Nummer 6 eine Rundtour, am Ende landest Du wieder in der Torschänke. Die tröstet über – fast – alles hinweg.

www.torschaenke-dudeldorf.de
www.eifelpark.de
www.eifelverein-speicher.de

AUSFLUG 10 / BURGHERREN MIT MOPS UND MOKKA – VON NIDEGGEN NACH SCHMIDT

Zu sehr viel friedlicheren Zwecken war im Mittelalter auch die Burg **Nideggen** nicht gemacht. Die imposante, aus rötlichem Sandstein gebaute Wehranlage thront über dem Abgrund des Rurtals in der Nordeifel, außerhalb eines malerischen Ortskerns, der von zwei Stadttoren bewacht wird. Der gewundene **Rursee** mit seiner Weißen Flotte und der als Schlachtfeld des Zweiten Weltkriegs berüchtigte Hürtgenwald sind nicht weit. Doch innerhalb der weitläufigen Burganlage geht es längst friedlich zu. Und sie hat sich zu einer überregional bekannten Feinschmeckeradresse entwickelt, denn hier frönen Herbert Brockel und Tobias Schlimbach ihrer Leidenschaft fürs Kochen. Sie lernten sich auf einer Küchenparty kennen und haben mit dem rustikalen, von Geweihen an holzgetäfelter Wand verzierten Restaurant Brockel Schlimbach den Michelinsterne-Himmel erobert. Doch sie können auch anders. Oskar's Feinstes Fast Food heißt ihr Imbisswagen, der Burger, Currywurst oder belgische Fritten zelebriert und auf der Burg seinen »Heimathafen« hat. Namenspatron Oskar ist ein süßer Wachhund, der verdächtig nach Mops aussieht. Vermutlich bekommt er echtes

Hundefutter und nichts mit Mayonnaise. Außerdem gibt es da noch das Restaurant Kaiserblick mit Köstlichkeiten, die ohne Stern auskommen, aber absolut munden. Inspirationen der bodenständigen Eifelküche werden gerne aufgenommen und versetzen Dich in die Kindheit. Armer Ritter mit Zitrusfrucht und Zimtcreme schmeckt zum Niederknien, die Ente aus dem Ofen mit Rotkohl und Kartoffelkloß ist wie Weihnachten und Ostern zusammen. Außerdem gibt es etliches für Veggie-Fans. Zünftig bayrisch geht es im Biergarten zu. Die beiden begnadeten Köche behaupten, es sei der älteste Biergarten der Welt mit Ursprung in 1177. Es war das Jahr, in dem Wilhelm II. Graf von Jülich den Grundstein zur Burg Nideggen legte. Und damals war man der Braukunst bereits sehr zugeneigt. Insofern kann es stimmen mit der Behauptung. Wie das Leben einst so spielte, das ist im Bergfried der Burg zu sehen, der ein Burgenmuseum beherbergt.

Keine Viertelstunde Autofahrt von Nideggen entfernt und nahe der Staumauer des Rursees liegt **Heimbach**. Eines der Nationalpark-Tore, das ehemalige Trappistenkloster Mariawald und die Burg Hengebach als Heimat einer Internationalen Kunstakademie machen den Ort allein schon ausflugstauglich, Highlight ist jedoch im Ortsteil Hasenfeld ein

Wasserkraftwerk. Es ist bis heute in Betrieb und liefert Strom mit Wasser, das per Kermeterstollen aus der Urfttalsperre heranfließt. Dabei fasziniert die Architektur des 1905 errichteten Baus: Das ist reiner Jugendstil! Mit einer Führung erkundest Du das Innere dieses Technikwunders. Wenn Du gern wanderst, kannst Du eine Schleife auf dem Dschungelpfad rund um das kleine Staubecken der Rur bei Heimbach unternehmen, nicht allzu lang, aber wirklich urig über teils schmale, steile Pfade.

Wenn Du stattdessen tierliebe Kinder beglücken möchtest, bist Du im familiengeführten Wildpark

Schmidt richtiger. Wobei Schmidt der Name des Dorfes ist. Die Familie, bei der Esel, Rehe, Ziegen, Lamas, schottische Hochlandrinder, Kaninchen, Biber und anderes bepelztes oder gefiedertes Getier zu Hause sind, heißt Scheidtweiler. Wichtige Infos für begeisterte Kids: Nicht den Tieren nachrennen! Für zarte Annährungsversuche gibt es den Streichelzoo, der Rest der vierbeinigen und geflügelten Belegschaft lebt artgerecht und halbwegs wild. Da gilt, nur gucken und staunen, nicht stalken. Die Dorfkirche von Schmidt, mit bürgerlichem Namen St. Hubertus, wird übrigens im Volksmund St. Mokka genannt. Ende des Zweiten Weltkriegs war die Kirche wie fast das gesamte Dorf dem Erdboden gleichgemacht. Die Bevölkerung hielt sich mit dem Schmuggel von Kaffee über Wasser. Der Pfarrer verurteilte das illegale, aber überlebenswichtige Treiben nicht, sondern mahnte nur, beim Verteilen der Schmuggelerlöse auch an den Wiederaufbau der Kirche zu denken. Und die Schmidter dachten ausgiebig daran ...

www.burgrestaurant-nideggen.de
www.rursee-schifffahrt.de
www.rureifel-tourismus.de/a-jugendstil-wasserkraftwerk-heimbach
https://wildpark-schmidt.de

AUSFLUG 11 / DER ZAUBER VON SEEROSEN IM MEERFELDER MAAR

Das im warmen Sonnenlicht eines Juliabends schimmernde Meerfelder Maar machte mich so schockverliebt, dass ich unbedingt in der Eifel bleiben wollte, für immer. Ein riesiger Teppich aus blühenden Seerosen, der einen Teil der Wasseroberfläche bedeckte, ließ die ganze Landschaft wirken wie ein Gemälde von Monet. Damals lag das Dorf **Meerfeld** noch im touristischen Dornröschenschlaf. Es gab nette Einkehrmöglichkeiten der Marke Omas Plüschcafé und Opas Kneipe, was auch seinen Reiz hatte. Aber längst ist die Verwandlung perfekt. Menschen mit gutem Geschmack zieht es in das NaturPurHotel Maarblick von Frank und Irina Weiler und ein paar Häuser weiter in die mit einem Bib Gourmand ausgezeichnete Poststuben von Sven und Christine Molitor. Das NaturPurHotel hat nicht nur eine exorbitante Wellnessoase, sondern einen Restaurant- und Cafébereich samt Sonnenterrassen, in dem es Köstlichkeiten in fair gehandelter Bioqualität gibt. Was an Zutaten in derart hoher Güte regional zu bekommen ist, findet sich auf der Karte: ein »Who is Who« der Bioerzeuger in Eifel und Moselland. Irina Weiler ist Konditormeisterin mit dem Grundsatz, dass Backen in Teig geformte Liebe ist. Das schmeckt man. Abends verlockt die Lava-Bar zum Relaxen bei kreativ gemixten Cocktails. Die Einflüsse der Sterneköche, bei denen Sven Molitor seinen Beruf und seine Berufung lernte, sind deutlich auf der Zunge spürbar. »Sich abheben, ohne abgehoben zu sein«, das ist sein Motto, und er verwirklicht es ebenfalls mit erlesenen Zutaten, die möglichst aus der Region stammen oder aber von Zulieferern, die auf Gourmets à la française geeicht sind. Ein Schwimmbad und ein Soleraum mit einem Gradierwerk aus Schwarzdornreisig sind in der Post das Wellnessmittel der Wahl. Kurz und gut: In Meerfeld kommst Du an der Kombination von Kulinarik und Entspannung auf spitzenmäßigem Niveau eigentlich nicht herum.

Außer Du willst naturbelassenes Maarwasser statt Wein und Wellness. Das Meerfelder Maar hat ein Naturfreibad, von dem aus Du Deine Bahnen durch das gesamte Maar ziehen kannst. Ausgenommen sind streng geschützte Schilf- und Seerosenbereiche, in denen Wasservögel ihre Kleinen großziehen. Trockenen Fußes lohnt ein Spaziergang rund um das Maar, entweder auf einer mittleren Etage durch Mischwald mit steten Ausblicken in den Maarkessel oder unten, zumeist direkt am Wasser entlang. Wenn Du einen steilen Abstecher bergan magst, landest Du ganz oben auf dem Kraterrand und kannst den Landesblick erobern – so heißt der Aussichtsturm, von dem aus Du bis zur Biegung des Horizonts in alle Himmelsrichtungen gucken kannst. Nicht einmal fliegen ist schöner.

Dabei gerät in der Nähe eine auffällige, dicht bewaldete und aus mehreren Gipfelkuppen bestehende Formation in Dein Blickfeld: der Mosenberg bei **Bettenfeld**. Geologisch gesehen ist es kein einzelner Berg, sondern eine fünfköpfige Vulkanfamilie. Gemeinsam mit dem Meerfelder Maar nebenan gehört sie ganz offiziell zu den achtzig besten Geotopen in Deutschland. Ohnegleichen ist der verträumte See, der sich in einem der Schlackenkegel gebildet hat. Windsborn heißt das dank seltener tierischer und pflanzlicher Bewohner streng geschützte Gewässer. Es ist der einzige echte Kratersee nördlich der Alpen, also kein in die Grundwasserschichten gesprengtes Maar. Du kannst den Windsborn über schmale Pfade auf dem ringförmigen Schlackenwall, den ein Gipfelkreuz ziert, umrunden. An einer Flanke des Mosenbergs wurde aus einem ehemaligen Abbaugebiet ein Vulkanerlebnispark, in dem Vulkanschlote und Lavaschichten offen wie ein Tagebuch vor Deinen Augen liegen.

www.naturpurhotel.de
www.die-post-meerfeld.de
www.eifel.info/a-naturfreibad-meerfelder-maar-1
www.geopark-vulkaneifel.de/eifel/landschaft/ausfluege-in-die-erdgeschichte/vulkanerlebnispark-mosenberg

AUSFLUG 12 / **AN DER AHR SPIELT EIN STERNEKOCH IM LANDGASTHOF MIT AROMEN**

Zwei Sterne hat Hans Stefan Steinheuer erkocht. Die Kochleidenschaft war ihm in die Wiege gelegt, bereits Mutter und Großvater bewirteten Gäste mit Leckerem. Die bodenständigen Ursprünge in einem urigen Gasthaus in **Heppingen**, heute ein Stadtteil von Bad Neuenahr-Ahrweiler, mochte er ganz offenkundig nicht vergessen. Denn die Poststuben unterhalb des Berges Landskrone blieb als behagliches Restaurant neben dem Gourmet-Tempel erhalten und gilt als eines der besten ländlichen Gasthäuser in Deutschland. Die Gerichte sind raffiniert, aber auf Basis klassischer Rezepte und natürlich mit besten saisonalen und möglichst regionalen Zutaten. Im Sommer trägt die von viel Grün umgebene Terrasse zum Wohlgefühl beim Schlemmen bei.

Die wohnliche Idylle Heppingens wurde in der Nacht vom 14. auf den 15. Juli 2021 jäh zerstört, die Ahrflut hinterließ eine Spur der Verzweiflung und der Ort war einer der am schwersten betroffenen. An vielen Stellen ist immer noch sichtbar, was die Wassermassen anrichteten, an vielen anderen ist das Leben zurückgekehrt – und bisweilen schöner als zuvor. Unberührt von der Katastrophe waren natürlich die aus dem 13. Jahrhundert stammende Burgruine Landskron und die sehenswerte Maria-Hilf-Kapelle, die auf dem bewaldeten Gipfel des vulkanischen Hausberges träumen. Schon Kelten und Germanen siedelten hier, in sicherem Abstand zur Ahr, deren unberechenbares Temperament sie offenbar kannten. Sie nutzten auch die Mineralquellen, die unter anderem im heutigen Heppingen aus dem Boden sprudelten. Die Marke Apollinaris hat hier ihre Ursprünge.

Gegenüber vom Berg Landskrone, mitten in den Feldern hoch über **Heimersheim**, erwartet Dich eine Sitzbank XXL mit einem spektakulären Fernblick über das rebenbestandene Ahrtal, das hier schon der Mündung in den Rhein ganz nah ist. Hier kannst Du nicht nur die Seele baumeln lassen, wie es so schön heißt, sondern musst zwangsläufig auch die Füße baumeln lassen. Denn im Vergleich zur hölzernen Bank, die eines Goliaths würdig ist, bist Du ein Zwerg.

Die im Tal liegende Altstadt von **Ahrweiler** ebenso wie der Kurpark von **Bad Neuenahr** und überhaupt die gesamte Stadt, von der Flut stark betroffen, erstrahlt wieder in der Lebendigkeit von einst. An manchen Stellen ist der Wiederaufbau noch immer ein »work in progress«, aber dies alles schlendernd zu erkunden, bringt Aha-Effekte, die den Ausflug wert sind. An der berühmten Doppelstadt vorbei führt der Rotweinwanderweg westwärts unter anderem nach **Dernau**. In den Weinbergen oberhalb des Dorfes liegt ein weiterer Aussichtspunkt auf die Mäander der Ahr. Er gilt sogar als einer der schönsten. Doch hier oben, unweit des Weinguts Kloster Marienthal, verbirgt sich auch eine unheimliche Stätte tief im Schiefergestein: der ehemalige Bunker der Bundesregierung, einst geheimstes Bauwerk der Republik. Die zwanzig Kilometer lange unterirdische Anlage war als ministerielles Refugium im Falle eines Atombombenangriffs auf die damalige Bundeshauptstadt Bonn gedacht. Die »Dokumentationsstätte Regierungsbunker« ist seit 2008 ein Museum, das Gänsehautgefühl vermittelt.

Ein Museum der ganz anderen Art erreichst Du, wenn Du von Bad Neuenahr-Ahrweiler ostwärts Richtung Rhein fährst. Genauer gesagt, bis zum

Rheinufer am Bahnhof Rolandseck in **Remagen**. Wie eine Fata Morgana schwebt ein schlichter, strahlend weißer Bau im Waldgrün des Eifeler Steilhangs: das Arp-Museum. Die Kunstwerke der Dadaisten Jean Arp und Sophie Taeuber-Arp sind hier in luftigem Ambiente dauerausgestellt, hinzu kommen wechselnde Kunstausstellungen, die Besucher aus aller Welt anlocken.

www.steinheuers.de
www.ahrtal.de/pois/xxl-bank-heimersheim/poi.html
www.bad-neuenahr-ahrweiler.de
www.regbu.de
www.bunker-doku.de/bunker-dokumentationsstaetten
www.arpmuseum.org

Land macht Lust auf lecker – Landgasthäuser

Während ein Ausflug zu den Restaurants, die beinahe zu den Sternen greifen, vielleicht nicht ganz spontan erfolgt, kannst Du bei rustikalen Landgasthöfen vor, während und nach dem Spaziergang einfach auftauchen, schauen, ob ein Tisch frei ist, und Dich entspannt dem Studium der Speisekarte widmen. Du machst Dir keine Gedanken darüber, ob Du noch Schlammspritzer vom Waldboden an den Hosenbeinen hast. Du entdeckst vielleicht Sandkasten, Rutschen und Schaukeln im Garten nebenan, vielleicht blinzelt Dich ein Hund unterm Nebentisch an oder Dein eigener schlabbert Wasser aus einem Napf, der für solche Gelegenheiten neben der Eingangstür steht. Die Einrichtung variiert von stilvoll modern bis in die Jahre gekommen, aber urgemütlich. Oft prangt draußen ein buntes Schild, das allein schon nach Ferienfreizeit aussieht, regenbogenfarbig und in der Mitte mit einem sonnengelben E auf blauem Grund. Es zeigt Dir, dass Du hier bei Menschen bist, die der Regionalmarke Eifel angehören. Das ist kein Geheimzirkel, sondern ein Netzwerk von familiär orientierten Gastgebern, die ihrerseits weit überwiegend Zutaten von Erzeugern aus der Eifel verwenden. All das ist geprüft und zertifiziert, Du kannst Dich also darauf verlassen, die Quintessenz von Eifel auf dem Teller vorzufinden.

Doch manchmal bist Du einfach von Appetit getrieben und steuerst das nächstbeste Haus an, das irgendwie nach Nahrung aussieht. Und noch beim Essen verschickst Du eifrig WhatsApps oder postest in Deine Accounts. Du willst die Botschaft in die Welt hinaustragen: Hier muss man hin!

Das Wirtshaus von Markus Schröder in **Niederehe** beispielsweise wurde schon von Jacques Berndorf in seinen Krimis verewigt als Ort, an dem Kulturen zusammenprallen. Protagonist Siggi Baumeister ist hin- und hergerissen zwischen der ziemlich schicken und manchmal mörderischen Klientel des nahen Golfclubs, die an den Tischen speist, und knorrigen Eifeler Bauern in Gummistiefeln, die an die Theke gelehnt nach der Feldarbeit ihr Schnäpschen trinken. Kulinarisch über manch falsche Spur hinwegtrösten muss sich Baumeister mit Bratkartoffeln, welche es tatsächlich auf der Karte gibt und die legendär sind. Darüber könnte man glatt die Verfolgungsjagd vergessen und einfach sitzen bleiben, auf mindestens ein Bier.

Im Gasthaus Zum Brauer in **Steinborn** bei Daun blickt man, entsprechend platzierter Tisch vorausgesetzt, auf echte Leichenteile. Veganer und Vegetarier werden das so sehen. Andere nehmen es für das, was es ist, nämlich Rindfleisch, das im Reifeschrank wartet, bis es als dry aged beef im Mund zergeht. Das Gasthaus startete vor vier Generationen als klassische Dorfkneipe, in der es nach Omas in Sütterlinschrift notierten Rezepten Sonntagsbraten und mehr gab. Sie war der Treffpunkt des örtlichen Vereinslebens. Noch immer hört man hier Eifeler Platt, noch immer stammt das Fleisch von familieneigenen Ochsen. Küchenchefin Katrin Hennen zaubert wie ihre Vorfahren Kraftbrühe, geschmorte Ochsenbäckchen oder gebratene Leber mit Zwiebeln und Kartoffelpüree auf die Teller. Aber beim Brauer gibt es längst auch trendige Geschmackserlebnisse wie das Beeftasting, den 800-Grad-Grill oder diverse Burgerkreationen.

Das Gasthaus Herrig in **Meckel** lebt vom quirligen Engagement des Patrons: Thomas Herrig feuert »nebenbei« die Miniköche an und ist einer der überzeugtesten Verfechter regionaler Lebensmittel, ganz gleich ob Fleischliches oder frisches Gemüse für vegane Gerichte. Bei ihm kommt keine Importware aus Übersee auf den Tisch. Das würde auch nicht zum Haus passen, das sich als ursprünglich bäuerliche Location in die Dorfmitte und in die sattgrün-hügelige Landschaft der Südeifel fügt. Im weitläufigen Garten gibt es einen Spielplatz für Kinder, die nicht tatenlos sitzen bleiben wollen, bis die Erwachsenen zu Ende gegessen haben. Alles ist auf »hygge« geeicht, früher hieß das gemütlich. Verschlafen ist das Ganze trotzdem keineswegs. Für geistige und leibliche Erweckungserlebnisse sorgen zum Beispiel Grill-Events im Winter, Tastings mit Currywurst oder Whisky und Kultur in Form von Kabarett, Konzerten und Lesungen.

Gaststätten wie diese sind rar geworden, auch in der Eifel. Fast Food, Pizza oder Döner sind nicht außen vor geblieben, sondern sprießen überall. Die Menschen wollen es offenbar so. Die klassische Dorfkneipe, in der ein geduldiges Wesen am Herd steht und ausladende Schnitzel brutzelt, ist eine aussterbende Gattung. Umso wertvoller sind die Wirtshäuser, die sich mit Ideen und Können auch im kleinsten Ort behaupten. Beim Revival der Landgasthöfe hilft natürlich auch eine Umgebung, die mehr zu bieten hat als »nur« grüne Wiesen.

www.landgasthof-schroeder.de
www.brauers-landarthotel.de
www.gasthaus-herrig.de

AUSFLUG 13 / RÜBEN, RÖMER UND RITTERROMANTIK: AUF ZUR BURG ELTZ!

Ausgestattet mit einem Tanzsaal mitten im Dörfchen **Brohl** gibt es den Eifelhof. Was nicht weiter verwunderlich ist, denn der Name Eifelhof wurde in eben jener Eifel seit jeher inflationär verwendet, am liebsten für Gasthöfe mit Tanzsaal. Also praktisch für jeden Gasthof. Nicht einmal der Ortsname kann von sich behaupten, einzigartig zu sein. Bekannt ist allenfalls das Brohl in Rheinnähe, doch die Rede ist hier vom Dorf bei Kaisersesch, irgendwo im schönen Nirgendwo an der Grenze der Landkreise Cochem-Zell und Mayen-Koblenz. Das Moseltal ist auch nicht weit. Hierher in die Küche hat es Uli Bai verschlagen. Er stammt aus dem Weindorf Mesenich, zu seinen beruflichen Stationen gehört beispielsweise das Traube Tonbach in Baiersbronn. Wem das bekannt vorkommt: Ja, es ist das Mekka der deutschen Sterneszene. Aber nein, hier musst Du nicht rätseln, wie Du Meeresfrüchte zu Leibe rücken kannst, ohne ein Gemetzel zu veranstalten.

Bai vertraut auf Traditionen, es gibt Forelle Müllerin, bunte Rüben, Rinderroulade nach Hausfrauenart, Schweinefilet oder Kartoffelstrudel. Allerdings kann es sich der Küchenchef nicht verkneifen, die Gerichte irgendwie ein bisschen anders zu kreieren als Du es vermutlich von Deiner Oma kennst.

Rings um Brohl ist Vergangenheit lebendig. Richtung Moseltal steht ein Gebäudekomplex auf der windigen Eifelhöhe namens Martberg bei **Pommern**, dessen mediterrane Formen beinahe modern wirken, wäre da nicht dieser merkwürdige Säulengang ringsum. Es handelt sich um die Rekonstruktion einer antiken Tempelanlage. Die keltischen Treverer siedelten hier oben rund hundert vor Christus, die Römer führten das »oppidum« vierhundert Jahre später zu überregional bedeutsamer Blüte. Auf den Grundmauern entstand der Archäologiepark, in dem Du den Alltag und die Religion der Galloömer nachempfinden kannst. Bei einem kurzen Spaziergang über den Lenus-Mars-Weg ahnst Du, was den aussichtsreichen Platz so ideal machte für Glaubensdinge.

Um die geht es auch in der Schwanenkirche von **Roes**, nördlich von Brohl. Ihr Name erinnert an eine mittelalterliche Legende, nach der ein Schwan auf Bitten der Gottesmutter einen Kreuzfahrer aus der Gefangenschaft befreite. Kreuzfahrer waren es auch, die in den Feldern des Maifelds die ursprüngliche spätgotische Hallenkirche erbauten. Doch sie überlebte die Bomben des Zweiten Weltkriegs nicht. In den 1950er Jahren entstand ein sakraler Neubau, von außen eher unscheinbar, von innen ein Gedicht. Denn durch die Kirchenfenster erstrahlt der schlichte Raum in unglaublich intensiven Farben. Du treibst auf den Strahlen einer Lightshow und fühlst Dich fast schwerelos.

Die Burg Eltz, östlich von Brohl bei **Wierschem** gelegen, scheint auf ihrem Felssporn über dem Elztal luftig zu schweben. Sie ist mit ihren vielen Zinnen und verschachtelten Türmen der Inbegriff von Ritterromantik. Allerdings bezahlt sie das mit einem regelrechten Touristenansturm, nachdem die Belagerungen feindlicher Truppen über die neun Jahrhunderte ihrer Existenz hinweg allesamt scheiterten. Vom garantiert vollen Parkplatz aus gehst Du rund einen Kilometer bergab bis zum Burgtor und bist nie allein unterwegs. Auch die Führungen sorgen nicht für Einsamkeitsgefühle, aber sie sind spannend mit etlichen Aha-Effekten zur deutschen Sprache und Kultur. Das Innere der dreigliedrigen Burganlage ist bestens erhalten. Teile sind noch heute das Zuhause der nunmehr 34. Generation der Grafen von Eltz. Die Eifel tritt mit ihr beeindruckend beharrlich die Nachfolge des Kaisers Barbarossa an.

www.eifelhof-brohl.de
www.martberg-pommern.de
www.meineeifel.de/das-lichtwunder-die-schwanenkirche-bei-roes
www.burg-eltz.de

AUSFLUG 14 / HOCH HINAUS MIT SPEED – VOM EIFELTURM ZUM NÜRBURGRING

In **Boos** hat der Fuchs die Gans nicht gestohlen. Denn das Geflügel, das im Eifelhotel Fuchs auf den Tisch kommt, wurde ordnungsgemäß nebenan im Dorf beim Ökohof Halfmann gekauft, wie auch Weidelamm, Limousin-Rind oder Gemüse. Das Strohschwein suhlte sich in Kelberg-Rothenbach, die Forellen schwammen in Kradenbach. Fast alles verweist stolz auf die legale Herkunft aus der Eifel. Lange Transportwege müssen nicht sein und sind auch nicht. Von der Nase bis zur Schwanzspitze wird unter den Händen von Küchenchef Markus Geyermann und Juniorchef Martin Fuchs jedes Tier, das sein Leben ließ, zu einer leckeren Zutat. Wegwerfen ist überflüssig, wenn man gut kochen kann – das wissen beide und geben es im November und März in Kochkursen gern weiter an alle, die eine nachhaltige Philosophie in der Küche schätzen. Gut Ding will Weile haben, so ging das auch mit dem Gasthaus der Familie Fuchs, welches im Laufe von 15 Jahrzehnten aus einem Fachwerkhaus der Ururgroßeltern in ein lichtdurchflutetes Haus mit Wellness, Wintergarten und Biergarten hervorgezaubert wurde. Das Interieur des Hauses wurde aus dem gestaltet, was Dorf und Landschaft ausmacht: die Balken des einstigen Scheunentraktes, Basalt für die Becken im Wellnessbereich und ehemalige Fassdauben aus den Weinkellern von Ahr und Mosel. Das Ganze ist ein Argument, warum die Familie Fuchs, zu der noch immer die eigene Ökolandwirtschaft gehört, »nebenbei« zum angesagten Gastgeber wurde und Urlaubsadresse für alle, die zwischen Hoher Acht, Ahrtal und Maaren wandern wollen. Der Biergarten ist im Sommer donnerstagabends Schauplatz geradezu bukolischer Feste. Wenn Du es nicht geschafft hast, die wahrlich großzügigen Portionen aufzufuttern, kannst Du Dir ein Carepaket zum Mitnehmen des Übriggelassenen machen lassen. Das ist keine Peinlichkeit, sondern wird ausdrücklich angeboten – sogar in selbst mitgebrachten Dosen, wenn Du Abfall vermeiden willst.

Und mit so einem Proviant hast Du genug Energie für die Besteigung des Eifelturms außerhalb des Dorfes. Das ist kein Tippfehler, vielmehr hat der Pariser Eiffelturm eine eher fragwürdige Orthografie. Gustave Eiffel, der geniale Ingenieur, hatte Eifeler Vorfahren. Das Booser Pendant ist 25 Meter hoch und aus Holz, das etwas in die Jahre gekommen und darum mit Vorsicht zu genießen ist. Der Eifelturm steht auf dem Gipfel des Schneebergs. Der wiederum macht seinem Namen in Zeiten des Klimawandels mit 557 Metern Höhe über Normalnull keine Ehre mehr. Von oben kannst Du die Nürburg scheinbar zum Greifen nah sehen und noch etliche Vulkane mehr. Ein in etwa zwei Stunden leicht zu gehender Rundweg, Teil des »Traumpfad«-Netzwerks, führt am Eifelturm vorbei und um das nur teilweise mit Wasser gefüllte Booser Doppelmaar, durch das halbwilde Nitzbachtal und entlang von Hügelgräbern.

Der Anblick der mittelalterlichen Ruine von **Nürburg** könnte einen adrenalinhaltigen Triggereffekt haben. Schließlich windet sich die Nordschleife des Nürburgrings um die charakteristische, 676 Meter hohe Basaltkuppel, auf der sie seit dem 12. Jahrhundert steht. Vermutlich sind die Ursprünge der Burg noch viel älter und sie war zuvor eine Signalstation, um die römische Heerstraße von Trier nach Köln abzusichern. Seit dem 16. Jahrhundert verfiel ihre Pracht, Mitte des 18. Jahrhunderts war sie nur noch ein kläglicher Steinbruch. Ab 1927 jedenfalls war es vorbei mit der beschaulichen Ruhe, seitdem röhren nicht Hirsche, sondern die Motoren von Boliden um sie herum. Eine Erlebniswelt des Nürburgrings namens Ring°werk, eine Kartbahn oder eine Nordschleifentour mit dem eigenen Auto sind die alternativen Highlights für Motorsportfans und für alle, die sich mitten in der Natur oder in Burgen langweilen. Die soll es ja geben, aber gut essen wollen sie wohl auch.

www.eifelhotel-fuchs.de
www.naturerlebnis-vordereifel.de/a-booser-eifelturm
www.nuerburg.de
www.nuerburgring.de

AUSFLUG 15 / MIT DEN SANDALEN CHRISTI UND LAMAS UNTERWEGS RUND UM PRÜM

Es hat ungefähr dieselbe, ins Auge fallende altrosa Farbe wie die Basilika der Abteistadt **Prüm**: das Landhotel Am Wenzelbach. Wobei das Hotelrestaurant faktisch am Zusammenfluss des Steinertsbachs in die Prüm liegt, aber das tut nichts zur Sache.

Wichtiger ist die praktisch umgesetzte Küchenphilosophie: »Wissen, wo man is(s)t«. Das ist wörtlich zu nehmen, denn beispielsweise die Kräuter kommen aus dem eigenen Garten der Familie Arens und das Fleisch vom Nachbarn, denn es gibt einen kleinen Schlachthof und eine Metzgerei in der Nähe. Für die von umliegenden Höfen stammenden Tiere bedeutet das viel weniger Transportstress. Die Kunst des Wurstmachens beherrscht Familie Arens auch und präsentiert sie mit Spezialitäten wie Rehbratwurst oder Geflügelpasteten. Das Eifeler »Nationalgericht« Döppekooche gibt es hier mit Meerrettich, Rüben und Rindfleisch oder mit einer Ochsenroulade, an der sich Ziegenkäse vom Biolandhof in Wascheid und ein Schuss Landbier zusammenfinden. Es gibt nur einen Wermutstropfen, und der heißt »sonntags nie«. Freitags, samstags und an Feiertagen ist Spontaneität angesagt, doch den echten Sonntagsausflug zum Wenzelbach solltest Du mit neun weiteren Genießern anmelden.

Die ganze Familie oder Freunde auf einen Ausflug in die Gegend mitzunehmen, lohnt sich aber nicht nur deswegen. Die geführten Spaziergänge durch die Stadt machen ebenfalls in netter Begleitung viel Spaß. Die Guides sehen etwas gewöhnungsbedürftig aus in ihrer Kluft, die aus der Zeit gefallen ist, von der Mönchskutte über die Burgfräuleinrobe bis zum wilhelminischen Kostümchen mit Blumen am Hut. Es ist ein unübersehbarer Hinweis auf die lange Geschichte der Stadt, die von der Ahnin der Karolinger, Bertrada aus dem nahen Mürlenbach, schon im achten Jahrhundert als Kloster gegründet wurde. Prüm wurde ein für das ganze Reich wichtiges Zentrum mit Markt- und Münzrecht, ließ jedoch in den folgenden Jahrhunderten mehr als nur Federn. Im Zweiten Weltkrieg wurde sie fast ganz zerbombt, und kaum aus Ruinen wiederauferstanden explodierte 1949 ein ehemaliges Munitionslager im Kalvarienberg über der Stadt. Die gigantische Detonation hinterließ einen Krater, der noch heute sichtbar ist, und Straßenzüge in Schutt und Asche. All diese Zerstörung traf auch die historische, von zwei Türmen gekrönte Sankt-Salvator-Basilika, die detailverliebt mit barockem Hochaltar wiederaufgebaut wurde. Sie beherbergt das Grab Kaiser Lothars I. und einen Schrein, in dem laut Pilgerglauben die Originalsandalen Christi lagern.

Gemeinsam und nicht einsam, tunlichst jedoch nicht nur mit Sandalen unterwegs bist Du mit den Eifelnomaden. Sie sind ziemlich ortsfest am nahen Burgflecken **Schönecken**, doch flauschige Lamas und Alpakas touren mit Dir durch die Schönecker Schweiz. Wahlweise kannst Du auch Touren nach eigenen Interessen buchen, ganz gleich, ob es Botanik, Geologie, Kultur oder einfach die wald- und schluchtenreiche Natur der Eifel ist. Entschleunigung ist immer mit im Programm, denn die Tiere geben den Takt vor, auch wenn Du sie an der Leine führst. Julietta Baums oder eine andere vom Eifelnomaden-Team ist mit dabei, wenn es mit Zwei- und Vierbeinern in der Natur losgeht. Zuvor gibt es eine Kennenlern- und Flirtphase zwischen den an Eifelverhältnisse angepassten Andentieren und ihren Gästen, damit keine Missverständnisse zwischen den Gattungen die Freude an der maßvollen Bewegung trüben. Wie lang die Strecken sind, liegt an Dir und natürlich daran, wie schnell Deine wollige Begleitperson die Hufe schwingt. Es kann also sehr relaxt zugehen. Übrigens: Schönecken ist ein heißer Ostersonntagstipp, dann allerdings proppevoll, laut und nichts für schreckhafte Viecher. Denn es steigt im mittelalterlichen Ort der Mega-Event Eierlage. Zwei Junggesellen rennen zwar nicht um ihr Leben, aber um ihre Ehre. Der eine rafft 104 rohe Eier einzeln von der Straße, der andere hechtet ins Nachbardorf und zurück. Wer die Aufgabe schneller schafft, hat gewonnen. Und Tausende klatschen mit.

Unweit von Schönecken, bei **Buchet**, kommst Du beim Dreiländerblick garantiert wieder zur Ruhe. Vom Wanderparkplatz an einer Kreuzung bei Brandscheid aus gehst Du zu Fuß und schaust aus 615 Metern Höhe um Dich auf Westeifeler Islek und luxemburgischen Ösling, dazwischen das Ourtal, bei klarem Wetter bis ins belgische Hohe Venn. Erhabene Weite – dieser Begriff passt.

www.wenzelbach.de
www.ferienregion-pruem.de/kultur-im-pruemer-land/ausflugsziele/a-salvator-basilika-pruem
www.eierlage.de
www.kulturdb.de/einobjekt.php?id=16710

AUSFLUG 16 / ADRENALIN UND ACHTSAMKEIT IM SCHATTEN DER MANDERSCHEIDER BURGEN

Schöner als die Heidsmühle im Tal der Kleinen Kyll bei **Manderscheid** kann ein Ausflugslokal kaum liegen: ringsum dicht bewaldete Höhen, ein Schwanenteich vor der Haustür und ein klarer Bachlauf neben dem Gebäude, der einst die Mühlräder antrieb. Heute dient das Wasser der Aufzucht von Forellen, die nicht alle ein langes, sorgloses Leben haben. Etliche landen fangfrisch und legendär lecker zubereitet auf den Tellern der Gäste. Auch für Flockensahnetorte und andere Köstlichkeiten ist die Heidsmühle weit über Manderscheid hinaus berühmt. Das Ganze kannst Du Dir bei schönem Wetter auf einer sonnigen Terrasse gönnen, die den Blick freigibt aufs dschungelartige Grün. Schon die Vorfahren von Tobias Stadtfeld, der jetzt die Geschicke der Mühle leitet, sorgten dafür, dass sie eine der beliebtesten Anlaufstellen für zünftige Feiertags- und Wochenendgaumenfreuden ist. Sommerfrische nannte sich das seit 1907. Zuvor diente sie ganz handfest dem Mahlen von Getreide und als Sägemühle für die von den Moselwinzern benötigten Fassdauben. Kaum eine Kindheitserinnerung eines Vulkaneifelbewohners, der seit Mitte der 1960er Jahre das Licht der Welt erblickte, kommt ohne nostalgische Sehnsucht nach Sonntagsausflügen zur Heidsmühle aus. Ihr Ruhm wurde zudem in alle Himmelsrichtungen getragen durch Patienten der nahen Eifelklinik, die sich hier von ihren Beschwerden erholen und beim Spaziergang zur Mühle hinunter Balsam für die Seele auf sich wirken lassen. Die Fluten der Kleinen Kyll jedoch kamen am Abend des 14. Juli 2021 auf unangenehme Weise zu Besuch. Eine umfassende Renovierung und ein durchaus malerisches Provisorium in einer hölzernen Almhütte wurden erforderlich. Jetzt ist alles sogar schöner als zuvor. Geblieben ist die Philosophie »100 % Genuss & Heimat«. Döppekooche in seiner Variationsbreite, Eifelschwein oder Eisbein mit Bratkartoffeln fehlen nicht, Chili vegano und Kräuterpfannkuchen erfüllen andere lukullische Begierden.

Seit jeher gehört zum Heidsmühlenbesuch ein etwa einstündiger Spaziergang entlang der Kleinen Kyll bis zur hölzernen Germanenbrücke über »Stromschnellen«, die von großen Basaltbrocken im schnell fließenden Wasser verursacht werden, und am anderen Ufer wieder zurück. Als Achtsamkeitspfad gehört die traditionsreiche Strecke jetzt zu den zertifizierten HeimatSpuren der Eifel. Klanginstallationen und andere Sinnes-Stationen begleiten den bequem gangbaren, aber urigen Waldpfad. Die natürlichen Klänge von Wasserrauschen, Vogelgezwitscher und dem Hämmern eifriger Buntspechte sind allerdings nicht minder bezaubernd. Bei einem Abstecher in eine schmale Klamm, Wolfsschlucht genannt, schimmert im Grün der Bäume die hellgraue Phalanx aus Lava, die zu riesigen sechseckigen Säulen erstarrte. Überall siehst Du die Spuren der Eruptionen, die diese jetzt so friedliche Landschaft schufen.

Ganz friedlich ging es während der Menschheitsgeschichte jedoch keineswegs zu. Andernfalls gäbe es im kleinen Kurstädtchen Manderscheid keine zwei Burgen, die – nur getrennt durch das Flüsschen Lieser und eine Wiese – auf gegenüberliegenden Felsen dräuen. Im Mittelalter trafen hier Feinde aufeinander: Die Oberburg gehörte zu Kurtrier, die Niederburg den Herren von Manderscheid im Dienste der Luxemburger. Die Ruine der Oberburg ist über schmale Pfade frei zugänglich, auf denen es im Sommer nach Walderdbeeren duftet. Die besser erhaltene Niederburg öffnet sich für Führungen oder Feste. Vor allem das Burgenfest Anfang August mit Markt, Minnesang, prachtvollem Feuerwerk und martialischen Ritterspielen auf der Turnierwiese ist ein aufregendes Highlight. Nur der Burgenklettersteig mit zwei Etappen zwischen den Burgen bis hin zu einem »Kaisertempelchen« im Steilhang über der Lieser gibt einen noch größeren Kick. Der Klettersteig ist definitiv nichts für Sonntagsausflüge mit Flipflops, Hund und Kindern, sondern er gilt als anspruchsvoll und als bester außeralpiner Klettersteig Deutschlands. Nur mit Sicherheitsausrüstung – die kann geliehen werden – und Trittsicherheit sowie Schwindelfreiheit können fitte Leute hier entlang. Der SWR widmete dem Klettersteig kurz nach seiner Eröffnung angesichts spektakulärer Unfälle einen ganzen Fernsehbeitrag, warum er extrem unterschätzt wird und warum Anfänger ihn nicht ohne Kletterkurs absolvieren sollten. Dass die Eifel ein Mittelgebirge ist und keine Eiger Nordwand aufbietet, macht offenbar anfällig für Missverständnisse.

www.heidsmuehle.de
www.niederburg-manderscheid.de
www.burgenklettersteig.de

AUSFLUG 17 / KULTURHIGHLIGHTS IM WILDEN WESTEN – ZWISCHEN CLERF UND LÜNEBACH

Das Gasthaus Kaut will entdeckt werden. Denn rein zufällig kommt kaum jemand in **Leidenborn** vorbei, einem 160-Seelen-Weiler ganz tief im Westen des hügeligen Bitburger Gutlandes. Mehr Landleben geht nicht, hier bist Du wirklich vollkommen abgeschieden von jeglicher städtischen Hektik. Aber nicht von hervorragendem Essen und sogar Kunst mit internationalem Niveau. Jennifer und Johannes Weber traten mit ihren Erfahrungen in der Spitzengastronomie die Nachfolge einer Familientradition an, die Anfang des 20. Jahrhunderts mit einem Bauernhof, einem Tante-Emma-Laden und einem typischen Dorfwirtshaus begann. Dank alter Obstbäume und blühender Sträucher wie Lavendel oder Rosen bis nah an die Sonnenterrasse heran ist der urige Charme erhalten geblieben: stimmungsvolle Umgebung zum Beispiel für frischen Kuchengenuss. Johannes Weber, selbst naturliebender Jäger, hat als kulinarischen Dauerbrenner die Eigenkreation Leidenborner Wildburger auf die Karte genommen: Im Brioche-Bun ergeben Reh und Wildschwein, Bacon und Sour Cream sowie andere Zutaten einen würzigen Genuss, der modern ist und zugleich zur archetypischen Nils-Holgersson-Landschaft passt. Industrielle Convenience hat im Gasthaus Kaut keine Chance. Kräuter kommen aus den Hochbeeten im eigenen Garten und Forellen aus Weihern in der Umgebung.

Eine Art Grenzerfahrung ist ein Ausflug in die Gegend bei Leidenborn trotzdem – sogar buchstäblich. Denn es sind nur ein paar Kilometer nach Westen bis zur mittelalterlichen Burgruine von **Dasburg**, die das Tal der Our bewacht, und weiter über die grüne Grenze ins luxemburgische **Clerf** (oder Clervaux auf Französisch, Klierf und Cliärref auf Luxemburgisch). In der Ortsmitte erhebt sich strahlend weiß ein Schloss, in dem die weltberühmte Fotoausstellung »Family of man« des US-amerikanischen, in Luxemburg geborenen Fotokünstlers Edward Steichen untergebracht ist. Die Sammlung, bestehend aus mehr als 500 Fotografien, ist ein Fanal für Frieden und Humanität, sie gehört zum UNESCO-Weltdokumentenerbe.

Einen ganz anderen Eindruck von Kunst bekommst Du im 30-Einwohner-Grenzdörfchen **Welchenhausen**. In einem ausgedienten, stabil gemauerten Buswartehäuschen ist dank eines fantasievollen Vereins das wohl kleinste Kunstmuseum der Welt entstanden, die wArtehalle. Ringsum herrscht ländliche Stille, die Our plätschert vor sich hin und manchmal entdeckt man eine Kuh auf den Auweiden, die beim Saufen mit dem Euter in Deutschland und mit der Schnauze im Großherzogtum steht. Reizvoller kann Kultur kaum in die Natur eingebunden sein. Das Minimuseum ist dauerhaft kostenlos geöffnet und zeigt zeitgenössische Werke von Kunstschaffenden aus dem Dreiländereck Deutschland-Luxemburg-Belgien. Der Trägerverein hat sich auch im Nachbardorf **Stupbach** des ehemaligen Feuerwehr-Gerätehauses angenommen und präsentiert dort Sehenswertes zu Wanderzielen und zur Geschichte der Gegend. Ein acht Kilometer langer Skulpturenpark mit zehn Werken startet an der wArtehalle und führt ins belgische **Ouren** – berühmt für ein einzigartiges Europadenkmal – und nach **Lieler** in Luxemburg.

Nicht immer steht einem der Sinn nach Kunst. Dann darf es gern animalischer zugehen. Dafür ist von Leidenborn aus der Weg nach Osten zielführend, nämlich nach **Lünebach**. Der Eifelzoo wird privat geführt und liegt außerhalb des Dorfes auf dreißig Hektar im Bierbachtal. Sechzig Tierarten haben hier in weitläufigen, naturnahen Gehegen Platz. Dass Du Dich überhaupt in einem Zoo befindest, vergisst Du als Besucher beinahe angesichts der Wiesen, Wäldchen und Bäume, zu denen sogar tropische Gehölze zählen. Auch die Tierwelt ist nicht nur mit Einheimischen von kapitalen Hirschen oder Wisente über Luchse bis zu knuffigen Kaninchen vertreten. Löwen, Wapitis, Emus oder Aras fühlen sich klimatisch ebenso wohl. Das Wildfreigehege kannst Du, wenn Du nicht weit laufen magst, mit einer historischen Feldbahn erkunden und dabei den Tieren nahe kommen. Ganz ohne kulturelle Highlights wollte die Inhaberfamilie Wallpott ihren Eifelzoo aber doch nicht lassen. So sind über das Gelände verstreut sakrale und historische Kunstgegenstände verstreut, und ein Minidorf mit Nachbauten von Eifeler Attraktionen sorgt für einen Hauch Disneyland.

www.gasthaus-kaut.de
www.clervaux.lu
www.kult-our-tal-museum.de
www.eifel.info/a-europadenkmal-am-dreilaendereck
www.eifelzoo.info

AUSFLUG 18 / **KARTOFFELN UND KLASSIZISMUS IM SANFTEN MAIFELD**

Die Innenstadt von **Münstermaifeld** ist unverkennbar vom Klassizismus geprägt, einem Baustil, der sich vor allem im 19. Jahrhundert auf die Tugenden der Antike besann: klare geometrische Formen und helle, dezente Farben. Das fand auch Baron Ferdinand Josef von Papen schön, als er in den 1830er Jahren sein repräsentatives Anwesen mit Garten in der Nähe der mittelalterlichen Stadtmauer errichtete. Doch die Zeiten waren turbulent, das Glück dem Baron weder in der Liebe noch beim Spiel geneigt, und so folgten mehrere Besitzerwechsel. Ende des 19. Jahrhunderts war aus dem herrschaftlichen Haus samt Scheunentrakt ein Gasthaus geworden, vor dem angebundene Pferde geduldig auf ihre mehr oder weniger trunkenen Besitzer warteten. Zwischenzeitlich in den 1990er Jahren fungierte die Scheune als Location für ein Marionettentheater. Und jetzt ist das Ganze Löffel's Landhaus, nämlich ein von Günter Löffel als Küchenchef geführtes Spezialitätenrestaurant. Er stammt aus Baden und eine der wichtigsten Zutaten seiner Speisekarte ursprünglich aus Südamerika. Aber im Maifeld – dem sanft gewellten und fruchtbaren Landstrich im Osten der Eifel – fügen sich Koch und Kartoffel perfekt ins regionale Landleben ein. Klar, dass bei Löffel der Döppekooche – hier als Debbekoooche mit drei O – nicht fehlt. Auch alles andere, was auf den Feldern des Maifelds Saison hat, wie Erdbeeren oder Spargel, wird kreativ zubereitet. Für Nicht-Vegetarier und Nicht-Veganer landet auf dem Teller, was in den Ställen und Wäldern ringsum grast oder grunzt. Aber sogar der Debbekoooche ist in einer veganen Version zu haben.

Du musst nicht weit laufen, um einen ausflugstauglichen Tag zu erleben, die Altstadt selbst bietet Sightseeing. Die für die Eifel einzigartige klassizistische Kulisse der eleganten Bürgerhäuser ist Folge von kriegerischen Zerstörungen im ausgehenden 17. Jahrhundert, als die schon von Merowingern im Mittelalter besiedelte Stadt fast vollständig dem

Erdboden gleichgemacht wurde. Die Stiftskirche St. Martin und St. Severus – zur Sicherheit gleich zwei Heiligen geweiht – ist mit ihren teils romanischen und teils gotischen Stilelementen jedoch ein spektakuläres Relikt aus dem 12. und 13. Jahrhundert. Der nach Westen gerichtete Doppelturm, der sie zum weithin sichtbaren Maifeld-Wahrzei-

chen macht, erinnert an Filmsequenzen von »Der Name der Rose«. Innen versetzt Dich die prachtvolle Holzschnitzkunst des Altars, ein Antwerpener Retabel, in andächtige Stimmung.

Ein paar Schritte neben dem »Maifelddom«, wie die Kirche auch genannt wird, kommst Du auf den Boden der Tatsachen zurück. Das Heimatmuseum in der alten Propstei ist alles andere als eine öde Zurschaustellung alter Dinge in Vitrinen. Hier sind ganze Werkstätten aller möglichen Gewerke und Läden aller Fachrichtungen original wiederauferstanden, sodass sie zusammen das größte Ladenmuseum in Deutschland ergeben. Die Zeitreise beamt Dich detailverliebt in die Jahre zwischen 1900 und etwa 1960. In seltsam geformten Glasbehältnissen warten Brausebonbons auf Kinder mit Groschen in der Hand, es riecht nach Lindes-Muckefuck und das HB-Männchen prangt auf dem Reklameschild aus Emaille.

Um den zeitlichen Jetlag komplett zu machen, kannst Du nach **Mörz** fahren, ein kleines Dorf, das zu Münstermaifeld gehört. Hier dominieren die typischen Osteifeler Häuser und Höfe aus dunklen, unverputzten Bruchsteinen. Popmusikfans dürften sich verwundert die Augen reiben, dass in diesen rustikalen Gassen ohne jeglichen Glamour ein gewisser Bernd Weidung geboren wurde, der als Thomas Anders erst gemeinsam mit Dieter Bohlen und dann im Alleingang die Schlagerwelt eroberte. Einen gewissen Hang zur Kunst sagt man den Mörzern nach, denn hier gibt es für 200 Einwohner überproportional viele Menschen, die töpfern, zeichnen oder sich bildhauerisch austoben. Manches Kunstwerk ist durch Hoftore und über Gartenmauern hinweg zu sehen, manch ein Atelier ist offen. Sogenannte Wohnzimmerkonzerte bringen den Blues ins Dorf, allerdings doch eher in die Schützenhalle, und der lecker-legere Weihnachtsmarkt am zweiten Adventswochenende lockt das halbe Maifeld her.

So kulturbegeistert Mörz ist, so wild geht es ab Dorfrand weiter Richtung Mosel. Fünf Kilometer lang windet sich das Schrumpftal steil bergab. Der dazugehörige Bach trieb 15 Mühlen an, von denen etliche bis heute existieren – natürlich ohne noch ihrer ursprünglichen Aufgabe nachzugehen. Alle zwei Jahre wird die serpentinenreiche, schmale Straße zum autofreien »Schromb macht Spaß« für Wanderer und Radfahrer. Das Schrumpftal endet in **Hatzenport** am Ufer der Terrassenmosel. Hier bist Du mitten im steilsten Teil des Weinanbaugebietes Mosel, ein WeinWetterWeg mit alpinem Schwierigkeitsgrad führt Dich über elf Kilometer zu südländischen Raritäten einer Artenvielfalt, die sich in der subtropischen Wärme der Moselschieferhänge wohlfühlt. Aber vielleicht willst Du nicht klettern und kraxeln, sondern gucken. Dafür ist die Rabenlay zwischen Hatzenport und Löf in der Nähe der K41 das aussichtsreichste Mittel der Wahl. Dank Liegebänken, Grillplatz und Schutzhütte kannst Du Dich hier, auf einem Felsplateau fast 150 Meter über der Mosel schwebend, eine Weile der Sonne und der Weitsicht über das mäandernde Moseltal bis zur Burg Bischofstein überlassen.

www.loeffelslandhaus.de
www.eifel.info/a-stiftskirche-st-martin-und-st-severus
www.museumsportal-rlp.de/museen/heimat-und-erlebnismuseum-muenstermaifeld
www.mm-moerz.de
www.kulturraum-untermosel.de/aussichtspunkte/aussichtspunkte-hatzenport/224 - rabenlay-hatzenport

Süß und sinnlich – Cafés

Manche Gegenden der Eifel erwecken den freilich irrtümlichen Anschein, als ob sich die Bewohner fast ausschließlich von Backwaren ernährten. Anders als in den Metropolen ist die Dichte der handwerklichen Bäckereien und Konditoreien noch beachtlich. Man kann, muss aber nicht auf die Backshops von Supermärkten und Discountern zurückgreifen. Überall gibt es Süßes in allen erdenklichen Variationen. Man kann es sich beim Spazierengehen von den Hüften trainieren oder aber sich der resignierten Einsicht fügen, dass die klügere Hose nachgibt.

Angeblich sagte die französische Kaiserin Marie-Antoinette, kurz bevor die Revolution sie und den Rest des Hochadels hinwegfegte, das Volk solle doch Kuchen essen, wenn es sich beklage, dass es kein Brot habe. Möglicherweise ist die Vorliebe der Eifeler für Kuchen, Torten, Pralinen und Printen ein Ausgleich für erlittene Armut. Möglicherweise jedoch ist sie Ausdruck einer Seelenverwandtschaft mit dem Nachbarvolk. 1789 begann die Französische Revolution und dauerte bis 1799, von 1794 bis

1814 war die Eifel von französischen Truppen besetzt. Der Spitzname der Koblenzer lautet bis heute Schängel, es ist eine Verniedlichung des einst allgegenwärtigen Vornamens Jean. Kaum ein anderer heute in Deutschland liegender Landstrich hat so viel Historie der »grande nation« in seiner DNA. Eine Folge der revolutionären Umtriebe in Frankreich war die Demokratisierung der Essgewohnheiten: Die bis dahin an den noblen Höfen arbeitenden Köche und Pâtissiers mussten sich nach neuer Klientel umschauen und fanden sie im aufstrebenden Bürgertum, die Geburtsstunde der Restaurants und Cafés. Die Eifeler hatten vergleichsweise kurz und wenig Sinnenfreude daran: Nach dem Wiener Kongress 1815 wurde ihre Heimat den Preußen zugesprochen, deren protestantische Strenge schlug zu. Die Preußen investierten – außer in die überbordende Aufforstung der Eifel mit Fichten – kaum etwas in die Infrastruktur ihres frisch gewonnenen Grenzlandes, sondern vor allem ins Militär. Und ein vertrautes Phänomen am anderen Ende der Welt machte jegliche Schwelgereien in Sahne und Süßem zur Fata Morgana: Der Ausbruch des Vulkans Tambora in Indonesien, der 1816 und 1817 zu einer kleinen Eiszeit führte. Der Koblenzer Publizist Josef Görres schilderte 1816, dass die Eifeler sich von Kuchen ernährten. Das Bonmot der französischen Kaiserin passte dazu nur mit einer gehörigen Portion Zynismus als Backzutat, denn dieser Kuchen bestand aus erfrorenen Kartoffeln.

Kein Wunder also, dass der Wunsch nach Kompensation dieser Leiden seit jeher groß und nachhaltig ist. Die Bedingungen für die Erfüllung wurden seit dem Schock des 19. Jahrhunderts immer besser: Auf den gebirgigen Weiden grast reichlich butter- und sahnespendendes Milchvieh, auf Wiesen und in Ställen flattert eierlegendes Federvieh, in den flacheren Gegenden rund um Euskirchen gedeihen massenweise Zuckerrüben, für den Obsttortenbelag sorgen die Erdbeeren der Pellenz oder Kirschen und Pflaumen aus der Wittlicher Senke, das Bitburger Gutland liefert den Weizen fürs Mehl. Die raffinierten Rezeptideen wehen über die Grenzflüsschen Our und Sauer aus Belgien und Luxemburg herbei und setzen sich in den Köpfen der Konditoren fest.

So schuf Axel Hanf, Chocolatier aus dem belgischen Teil des Naturparks Hohes Venn Eifel, in seiner Manufaktur Belgian Chocolate Design so außergewöhnliche Kreationen wie Pralinen mit Senf der Historischen Senfmühle in Monschau oder mit Ziegenkäse vom Vulkanhof in Gillenfeld. Er schreckt auch nicht vor der Verwendung von Knoblauch oder Garnelen zurück. Ostbelgien wurde durch ihn bereits auf den Weltausstellungen in Shanghai und Seoul vertreten. Seit 2020 findet man die Konfiseriekunst des Herrn Hanf im Gault&Millau-Führer Finest Chocolatiers vermerkt. Zu haben sind die extraordinären Geschmackserlebnisse im Shoppingcenter Massen im luxemburgischen Weiswampach, nicht allzu weit von jener Dir bereits bekannten wArtehalle in Welchenhausen entfernt.

www.ostbelgien.net/Belgien-das-Schokoladenparadies/Der-Pralinendesigner-aus-Ostbelgien

AUSFLUG 19 / WO KAISER KARL SICH BETTETE UND TUCHMACHER REICH WURDEN - RUND UM MONSCHAU

Bleiben wir eine Weile an der vielversprechenden Grenze zum Schokoparadies Belgien, nämlich in **Monschau**. Man muss gar nicht ins Nachbarland wechseln, um ein für alle Mal der süßen Sünde zu verfallen. Das Café Kaulard am historischen Marktplatz tut es auch, es tituliert sich zu Recht als »Kaffeestube« dieses wohl einzigartigen Städtchens an der Rur. Ruhe suchst Du hier vergebens, Monschau mit dem Roten Haus einer reichen Tuchmacherdynastie und den vielen Fachwerkfassaden ist offenbar ein Muss für jeden Eifeltouristen. Die kleinen Läden stecken voller Nippes und Dingen, die man im Zweifelsfall nicht braucht, aber als Andenken gern mitnimmt. Die Torten des Cafés Kaulard werden natürlich vor Ort im plüschigen Ambiente des Hauses verputzt. Das Flair wurde seit Ende der 1950er Jahre ganz bewusst kreiert. Niemand ahnt heute, dass ausgerechnet ein uraltes Sparkassengebäude die Keimzelle war. Gespart wird an nichts, was romantisch ist. Jugendstilmobiliar, geblümte Vorhänge und Teppichläufer mit orientalischen Motiven setzen selbstbewusste Kontrapunkte zum puristischen Designerstyle, der andernorts zum guten Ton in der Gastronomie gehört. Printen, Dütchen und Vennbrocken haben mit der überbordenden Gemütlichkeit jenen Rahmen, der zu ihnen passt: Schokoüberzogene Prinzess- oder Mandelmöppchen, gefüllte Eier-Biskuitröllchen und Trüffelpralinen mit Cointreau oder Marzipan – so die detailgetreuere Beschreibung der Leckereien – schmecken nicht nach Minimalismus, sondern nach mehr.

Monschau hieß bis 1918 Montjoie. Auf dem »Berg der Freude« hoch über Rurtal und Altstadt thront eine Burgruine aus dem 13. Jahrhundert, die im Sommer Schauplatz eines musikalischen Open-Air-Festivals mit Schwerpunkt Klassik und Musical ist. Am gegenüberliegenden Ende der Fachwerkgassen ist am Flussufer das Bruchsteingebäude einer ehemaligen Glashütte erhalten. Glaskunst entsteht hier noch immer und Du kannst bei Führungen erleben, wie Vasen, Dekokugeln oder Tiere aus buntem Glas hergestellt werden. Nirgendwo weit und breit findest Du eine größere Auswahl an Gegenständen aus Glas als in der Ausstellung, die mit der kleinen Schauwerkstatt verbunden ist. Das Gros der Hallen dient jedoch anderen Kunsthandwerkern und Händlern als Verkaufsfläche. Klamotten, Leder, Spielzeug, Keramik und Accessoires für jeden Anlass gibt es an unzähligen kleinen Ständen. Jede Menge netter Kitsch ist auch dabei, Du kannst echt Stilvolles erwischen oder das ultimative Geschenk für Menschen, die Du schon immer mal das Grausen lehren wolltest. Hier bewahrheitet sich, dass Schönheit im Auge des Betrachters liegt.

Die Eignung bestimmter Locations als Schlafzimmer dürfte ebenso subjektiv sein, wie Du im Monschauer Nachbardorf **Mützenich** hautnah erfährst. Am Ortsrand gibt es Hinweisschilder mit der denkwürdigen Beschriftung »Kaiser Karls Bettstatt«. Wenn Du ihnen folgst, gerätst Du immer tiefer hinein in eine bizarre Wald- und Sumpflandschaft. Willkommen im Hohen Venn! Verformte Hainbuchen umfrieden nasse Wiesen. Die Bäume wurden »auf den Stock gesetzt«, das heißt zur Holzgewinnung über der Wurzel abgesägt, sodass neue dichte Triebe nachwuchsen. Heidelbeersträucher verführen Dich zum Naschen. Doch es empfiehlt sich, die hölzernen Planken nicht zu verlassen, die durch das Dickicht führen, und auf Markierungen zu achten. Unmittelbar auf der unsichtbaren deutsch-belgischen Grenze ragen Quarzitblöcke aus dem oft matschigen Untergrund. Sie haben teilweise fast die Form eines Boxspringbettes, sind aber bru-

tal hart. Kaiser Karl der Große soll der Sage nach hier genächtigt haben, als er durch sein Riesenreich irrte. Ein Diener habe ihn gemahnt, angesichts der Eifelkälte doch eine Kopfbedeckung aufzusetzen. »Mütze? Nich!«, habe der Herrscher gerufen und so dem Dorf seinen Namen verpasst.

Vom Monschauer Ortsteil **Höfen**, der für die hinter gigantischen Hecken geduckten Bauernhäuser berühmt ist, gelangst Du in die blumige Märchenwelt des Perlenbachtals. Seinen Namen bekam es von den früher hier weitverbreiteten Flussperlmuscheln. Die menschliche Gier bereitete ihnen schon ab Ende des 19. Jahrhunderts den Garaus. Jetzt sind die nährstoffarmen, nur extensiv und behutsam genutzten Wiesen am Ufer von Perlbach und Fuhrtsbach im Frühling ein einziges gelbes Blütenmeer, bestehend aus streng geschützten wilden Narzissen. Ein Spaziergang von bequemen fünf Kilometern Länge ab der Höfener Mühle ist die komfortabelste Möglichkeit, von März bis in den Mai österliche Gefühle zu tanken, aber es gibt auch längere Routen. In Höfen am dortigen Nationalparktor erfährst Du auch medial, was es mit dem seltenen Reichtum an Osterglocken auf sich hat.

www.cafekaulard.de
www.glashuettemonschau.com
www.eifel.info/a-kaiser-karls-bettstatt
www.eifelsteig.de/a-narzissenwiesen-im-perlenbach-und-fuhrtsbachtal

AUSFLUG 20 / SCHOKOLADE, SCHIEFER UND SCHÄUMENDE WASSER – VON HAMBUCH BIS COCHEM

Was mag immer wieder ganze Fernsehteams dazu verleiten, einem relativ unscheinbaren Eifeldorf wie **Hambuch** einen Besuch abzustatten? Die Antwort liefert Konditorin Susanne Hetger. Ihre Mission ist es, anderen Menschen das Leben zu versüßen. Das war schon so, als sie ihren heiß geliebten Beruf im nahen Mayen lernte und ausübte. Seit 2004 hat sie mit ihrem Ehemann Thomas im 700-Einwohner-Weiler ein Mekka für Naschkatzen geschaffen: Susannes SchokoLädchen, mit kleiner Sonnenterrasse vor dem Haus, old fashioned Dorfladen im Erdgeschoss und lichtdurchflutetem Café im Obergeschoss. Hier lässt es sich in legerem Ambiente prächtig frühstücken, brunchen oder »Teatime« zelebrieren. Dabei ist das schlichte Parterre überaus wichtig: In der Küche versteckt sich die Manufaktur, deren Schokoladen, Pralinen oder Torten besagte

Fernsehteams magisch anziehen. Und nicht nur die. Eigenkreationen wie Apérol-Trüffel, handgeschöpfte Schokoladen aus erlesenen Ruby-Kakaobohnen oder mit Weincreme gefüllter und marzipanüberzogener Baumkuchen sind überzeugende Argumente auch für weite Anfahrtswege. Susanne Hetger vertraut dabei oft auf Rezepte der eigenen Großmutter, fast immer auf regionale Zutaten und immer auf die eigene Experimentierlust.

Ihr wichtigster Geschmackstester ist Ehemann Thomas. Der ist ebenso wie die begnadete Konditorin schlank und weiß offenkundig aus Erfahrung, dass Naschen einen Gegenpol in ausreichend Bewegung braucht. Darum hat er sein Hobby Wandern ins süße Angebot eingebracht und einen etwa acht Kilometer langen Rundwanderweg konzipiert, der familientauglich ist und gern mit prall gefülltem Rucksack gegangen werden kann. Welch Zufall: Als Proviant darin befindet sich alles, was das Schoko-Lädchen zu bieten hat, süß oder deftig. An mehreren Stationen des Spaziergangs verleitet die Natur zu Schlemmerpausen. Die Route führt vom Dorf fort ins Tal des Pommerbachs. Die Relikte einer Keltensiedlung sind im Wald verborgen, die Schieferley als bizarre Felsformation erzählt von der dramatischen Gebirgsauffaltung des Grundgesteins der Eifel. Die

Sedimente des einstigen warmen Urmeeres wurden senkrecht hochgedrückt, was einst horizontal lag, ragt nun vertikal in den Himmel.

Im Tal der Wilden Endert, westlich von Hambuch, sind ähnliche Strukturen zu sehen. Sie sind die Ränder eines schmalen, tief eingeschnittenen Canyons, den sich der kleine Bach im Laufe der Jahrtausende gegraben hat. Ursprünglich gab es hier 28 Mühlen, geblieben ist die Göbelsmühle

als uriges Ausflugslokal. Zwanzig Kilometer entlang fast des gesamten Flusses verläuft ein ausgeschilderter Wanderweg, der 2019 zum schönsten in ganz Deutschland gewählt wurde, jedoch nicht ganz simpel zu gehen ist. Einen schönen Eindruck ohne Anstrengung bekommst Du von der Wilden Endert, wenn Du zum Wallfahrtskloster Maria Martental bei **Leienkaul** fährst. Es ist zwar ein andächtiger Ort mit 800-jähriger Tradition, doch einer nüchtern-modernen Architektur. Wild und natürlich à la Endert wird es mit einem kleinen Abstecher zum Fluss, wo einer der höchsten Wasserfälle der Eifel rauscht. Er heißt auch »die Rausch«.

Sollest Du einiges an Zeit und Kondition mitbringen, führt Dich eine Tour durch das absolut verkehrsbefreite Tal der Wilden Endert, bis sie im Touristentrubel am Eifeler Moselufer und im Herz von **Cochem** mündet. Die von engen Gassen durchzogene Altstadt wird von der berühmten Reichsburg auf einem kegelförmigen Felssporn bewacht. Eine Führung ist für kunstgeschichtlich versierte Zeitgenossen durchaus verwirrend. Welche Epoche mag das um Himmels willen sein? Die Burg ist allerdings kein Original aus mittelalterlichen Epochen. Sondern ein kunstvernarrter Eisengroßhändler aus Berlin mit dem wohlklingenden Namen Louis Fréderic Jacques Ravené, nach dem in Cochem eine zentrale Straße benannt ist, kaufte das seit dem Pfälzischen Erbfolgekrieg nur noch als Ruine vorhandene Gemäuer und baute es in den 1870er Jahren wieder auf – nicht immer ganz originalgetreu. Das Innere präsentiert sich als kunterbunter Stilmix von allem, was Ravené für ritterromantisch hielt. Den ganzen Weg zurück zum Kloster Martental ist zu Fuß jedoch eine Marter, sodass Du die Buslinie 713 bevorzugen dürftest. Wie überall in der Eifel gilt die Devise, vor dem ÖPNV-Abenteuer genau zu schauen, was wann wohin fährt. Das Landleben bringt Fahrpläne für Geduldprobe mit sich, aber irgendwie klappt es doch – meistens.

Die nicht minder turbulente Fun-and-action-Alternative zum weinseligen Burgentrip ist der Wild- und Freizeitpark »Klotti« im Cochemer Stadtteil **Klotten**. Hier oben auf den Eifelhöhen, die steil zum Fluss hinunterfallen, wird das Zirkusmotto »Menschen, Tiere, Sensationen« gelebt. Puppentheater oder Wildwasserbahn, Braunbären oder Papageien, Gladiatorenkämpfe für Kids mit Laserstab oder meditativer Barfußpfad ... Familien mit Kindern werden im Klotti garantiert aus jeglicher Langeweile gerissen. Gut, wenn man da genug Schokolade für die Nerven aus Hambuch mitgebracht hat.

www.susannes-schokolaedchen.de
www.globusliebe.com/tal-der-wilden-endert
www.reichsburg-cochem.de
www.klotti.de

AUSFLUG 21 / WINDUMTOSTE HÜTTENROMANTIK MIT SAHNEHÄUBCHEN – FILMREIFE VORDEREIFEL

In der Wacholderhütte bei **Langscheid** erinnert der Inhalt der Kuchentheke sowohl an opulente Wiener Kaffeehäuser wie an unbeschwertes Kindheitsglück bei Oma. Sachertorte, Rübli-Kuchen, Blaubeer-Schmand-Torte, Russischer Zupfkuchen, Puddingstreusel, Schwäbischer Apfel oder Frankfurter Kranz und etliche andere Sorten warten auf Kundschaft, die sich begehrlich die Nase an der Vitrine plattdrückt. Und sie warten garantiert nicht lange. Die Schwestern Ayla und Kira Kowalinski sind ihren Namen zum Trotz echte Eifelerinnen. Das Fernweh war zwischendurch stark und brachte sie an filmreife Gestade, die mit einer Mischung aus 007 und Miami Vice manch andere garantiert zum ewigen Bleiben animiert hätten. So machte Ayla berufliche Managementstation im Londoner Ritz und in der Karibik. Aber irgendwann war es dann doch die knorrige Wanderlocation im Wacholdergebiet auf dem Dach der Eifel, östlich der Hohen Acht. Kira zeichnet hier für die Kuchenkreationen verantwortlich, sie ist Konditorin und macht aus den Klassikern süße Genüsse für moderne Ansprüche. Die Wacholderhütten-Picknickbox mit Deftigem und Obst ist ein guter Begleiter für die Wanderungen auf dem großen Traumpfad oder den kürzeren Traumpfädchen im ausgedehnten Wacholdergebiet. Es entstand durch die Weidewirtschaft armer Kleinbauern und hinterließ eine raue, felsendurchsetzte Gegend mit manchmal fast mystischer Stimmung. In der aus schwarzem Holz gezimmerten Hütte auf 550 Metern Höhe mit Kachelofen und rustikalen Möbeln wähnst Du Dich irgendwo in den schottischen Highlands oder im norwegischen Fjell. Im Sommer umweht Dich auf der Terrasse der Duft blühender Calluna. Der Heidegarten am Wabelsberg, nur ein paar Meter weiter, komplettiert Dein botanisches Wissen über diesen Landschaftstyp, der in Tateinheit von Mensch und gierig knabberndem Wollvieh entstand. Oder aber Du schaust einfach in ferne Eifelweiten, der Horizont ist frei.

Nicht weit entfernt von derlei Erhabenheit rückt jedoch Ritterromantik in Dein Blickfeld, nämlich auf dem nur 3,5 Kilometer kurzen und familientauglichen Traumpfädchen »Virneburger Burgblicke«. Die **Virneburg** ist eine Ruine wie die berühmtere Nürburg in der Nachbarschaft und gab dem Dorf, das ihr zu Füßen liegt, den Namen. Hoch über dem Tal des Nitzbachs ist sie eine tolle Location für ein Picknick. Der Anstieg ist steil, aber oben eröffnen sich Weitsichten, bei denen sich ein herrschaftliches Gefühl einstellt – vielleicht ganz wie bei den Pfalzgrafen, die seit dem 12. Jahrhundert von hier aus auf die Eifel herabschauten.

Da ist die Atmosphäre an der Mündung von Nitzbach in die Nette schon eine ganz andere, irgendwie artifizieller und eleganter. Falls Du einerseits an Popcorn denkst und andererseits das Gefühl hast, das Schloss Bürresheim bei **St. Johann** käme Dir bekannt vor, dann liegst Du richtig. Denn das Gemäuer mit seiner heutigen Pracht aus Barock und Mittelalter war Kulisse für »Indiana Jones und der letzte Kreuzzug«, wobei die Hollywoodmacher in einer Szene die wehrlose Außenfassade spiegelverkehrt und den entscheidenden Tick dramatischer gestalteten. Das war für den US-Geschmack wohl passender als typisch europäisches Burggefängnis für Henry Jones senior. Mag sein, dass für die da drüben fast alles, was sich bei uns historisch tat und tut, hochromantisch zu sein hat, selbst wenn Ströme von Blut, Schweiß und Tränen fließen. Obwohl, die flossen um das Schloss Bürresheim nur bedingt. Die Anlage ist wie die Burg Eltz nie erobert worden – außer von Touristen. Auch andere Filmemacher ließen sich von ihrer disneytauglichen Optik in Bann schlagen. In den Märchenfilmen »Der Prinz und der Prügelknabe«, »Rumpelstilzchen« und »Das Märchen von der Zauberflöte« spielt Schloss Bürresheim eine tragende Rolle. Fans von Retrodüften kennen zumindest einen Teil des Areals aus dem Werbespot für 4711 Kölnisch Wasser: den Barockgarten. Der besticht durch akkurat platzierte Buchsbäumchen, die zu niedlichen, an Zipfelmützen erinnernde Skulpturen gestutzt sind. Von der nahen Hammesmühle aus kannst Du eine behagliche kleine Runde von rund vier Kilometern ums Schloss drehen.

Oder Du tauchst ab ins Unterirdische, falls Dir das alles zu hübsch ist und Du ein Fan der Devise bist, dass gelobt sei, was hart macht. Arbeit zum Beispiel. Nicht in Langscheid, sondern in **Langenfeld** bei Virneburg und St. Jost bekommst Du im Besucherbergwerk Bendisberg die volle Portion Grubenfeeling mit Helm, Stirnlampe und dem ernst

gemeinten Hinweis, dass Du die Sicherheitshinweise strikt befolgen, einigermaßen fit sein und nicht unter Platzangst leiden solltest. Außerdem mach Dir keine Gedanken, ob Dein Outfit stylisch genug für einen Ausflug ist. Es wird vermutlich da unten in den insgesamt drei Stollen sowieso dreckig. Wichtig ist nur, dass Du warm und wasserfest genug eingemummelt bist, denn es ist kalt und feucht, dafür jedoch arg spannend. Die Bergleute, die hier Mitte der 1950er Jahre Blei- und Zinkerze abbauten, waren weder Angsthasen noch Weicheier. Nirgendwo sonst in der Eifel spürst Du so unmittelbar, wie Geologie und das menschliche Bemühen, Profit und Rohstoffe daraus zu schlagen, innig verbunden sind. Du bist immer hautnah in Kontakt mit Mutter Erde. Wenn Du es besonders adrenalinhaltig magst, kannst Du nach Anmeldung die zweistündige »Arschleder«-Führung mitmachen. Hier brauchst Du nun wirklich Gummistiefel, Handschuhe und überhaupt Klamotten, um die es nicht schade ist. Denn das »Arschleder« schützt beim Rumrutschen zwar den Hosenboden vor den schlimmsten Abnutzungserscheinungen, aber beileibe nicht vor Schlamm und Dreck. Im Gegenzug vergisst Du Deinen Alltag, der im Büro vielleicht zwischen Langeweile und Routine wabert, vollkommen für die Dauer des Bergwerkbesuchs.

Größere Kids haben auch ihren Spaß daran, mit kleinen ist vielleicht ein Märchenwald das bessere Ziel für einen Ausflug. Der Erlebniswald Steinrausch bei **Kempenich** ist ein Kinderparadies mit vielen Spiel- und Actionplätzen mit Märchenthemen, an denen sich kindliche Gemüter austoben können. Hunde finden das übrigens auch wunderbar und alle zusammen genießen, dass eine Runde durch diesen Wald auf dem Vulkan Steinrausch nur knapp zwei Kilometer lang ist. Das passt also bestens in einen freien Tag, der auch noch mit Tortenschlemmen und anderen Abenteuern gefüllt ist. Du kannst vom Wald zu Fuß (knapp fünf Kilometer über die »Eifelleiter«) oder per Bus den Bahnhof Engeln erreichen und dann mit dem historischen Vulkanexpress Richtung Rhein nach Brohl fahren. Wobei der Express natürlich gar keiner ist, sondern im Gegenteil mit der Gemächlichkeit von Lokomotivführer Lukas entspannt und bisweilen laut tutend durch die Landschaft zockelt.

www.wacholderhuette.de
www.traumpfade.info/pfad/traumpfaedchen/virneburger-burgblick
www.museum.de/museen/schloss-bürresheim
www.grube-bendisberg.de
www.vulkanregion-laacher-see.de/ausflugsziel/veranstaltung/veranstaltungen-auf-einen-blick/e-waldfuehrungen-im-erlebniswald-steinrausch

AUSFLUG 22 / DIE HAUPTSTADT DER SÜSSEN VERFÜHRUNGEN – DAUN IST VIELE SÜNDEN WERT

In **Daun**, der Kreisstadt der Vulkaneifel, beginnt der Maare-Mosel-Radweg, auf dem man über ein Viadukt und durch einen Tunnel, aber vor allem durch eine geradezu lieblich-entzückende Landschaft Richtung Wein rollen kann. Die einstige Bahnstrecke hat wenig Gefälle und auch zurück geht es ziemlich unangestrengt mit einem Radlerbus samt Anhänger. Dabei wäre es nicht verkehrt, die eine oder andere körperliche Tätigkeit zu wagen, die Dich ins Schwitzen bringt. Denn Daun ist eine Stadt gewordene Kalorienbombe. Rund 8.200 Einwohner bevölkern die übersichtliche, von bewaldeten Vulkanen umgebene Kernstadt und acht Dörfer ringsum, die als Stadtteile gelten. Es gibt fünf Supermärkte, in deren Foyers sich mit Kuchen bestückte Bäckereien niedergelassen haben. Natürlich gibt es in diesen Supermärkten und den beiden Discountern auch noch Backshops, aus deren Fächern Du Dir Teilchen klauben kannst. Wo käme man sonst hin angesichts einer drohenden Unterzuckerung? Darüber hinaus versorgen fünf weitere Bäckereifilialen die andernfalls garantiert hungerleidende Bevölkerung mit Brot und Süßem. Es versteht sich von selbst, dass auch die Barista-Manufaktur »Dauner Kaffeerösterei« im Stadtzentrum Muffins und ähnliches zum frisch Gemahlenen und Aufgebrühten anbietet. Aber das ist noch lange nicht genug. Die ziemlich steile, von etlichen kleinen Fachgeschäften gesäumte Flaniermeile weist auf rund 650 Metern Länge eine derart beeindruckende Ausbeute an Eis, Torten, Sahnestückchen, Schokoladigem, Obst- und Blechkuchen auf, dass man sich fühlt wie im Schlaraffenland. Anders als die Märchenversion ist die Dauner Variante jedoch wahr – was Dir jede Personenwaage nach einer Schlemmertour durch Daun bestätigt. Und all die süßen Verführungen sind sowohl haus- wie handgemacht. Da ist echte Passion am Werk, um nicht zu sagen eine Obsession, deren Folgen sich andere Menschen kaum entziehen können.

Falls Du dabei Dein Gewissen beruhigen möchtest, dass die Schwelgerei am Ende doch auch ihre gesunden Seiten hat, dann ist das Café U das Mittel der Wahl. Es gehört zum Reich jenes Josef Utters, dessen Vorliebe für Bodenständiges in der Backkunst Du bereits von seinem Fuchsweizenbrot kennst. Für die süßen Kreationen aus der Konditorei ist die beinahe ausgestorbene Getreidesorte natürlich nicht geeignet. Im Café U kommt »nor-

males« Biogetreide zum Einsatz, darüber hinaus ist auch alles andere im Backwerk echt öko. Josefs Sohn Raphael leitet hier die Geschicke, und vermutlich liegt es daran, dass eine ungemein fluffige Version der Raffaellotorte einer der Publikumsrenner ist. Raphael Utters wollte nach dem Abi eigentlich nicht unbedingt in die Fußstapfen seines Vaters treten, sondern vielleicht Psychologie oder ähnliches studieren. Vor allem wollte er erstmal die Welt kennenlernen. In Australien schließlich wurde ihm klar, dass er etwas vermisste: den Duft von frischem Brot. Jetzt sorgt er eben mit Backwaren und opulenten Frühstücken für das Seelenheil der Menschen.

Kaum hundert Meter weiter talwärts liegt mit dem Stadtcafé May das »dienstälteste« Kuchenparadies. Das Haus stammt aus dem 19. Jahrhundert, seit den 1950er Jahren gab es hier eine Backstube und ein Café, ursprünglich geführt von einem Alois May. Längst ist Dieter Zender, ein gelernter Koch, der Erschaffer von Torten, Snacks und kleinen Gerichten, die für die Einheimischen irgendwie zum Leben gehören. Die Kuchenvitrine stellt Dich garantiert vor Probleme: Da steht rund ein Dutzend Torten, schon optisch eine Pracht, sodass Du am liebsten alle einmal durchprobieren möchtest. Vielleicht ist damit Dein Ausflug nach Daun auch schon zu Ende. Du deckst Dich mit den Sorten ein, die Dich am meisten »anmachen«, fährst heim und verbringst den Rest des Tages mit angeblich Sündigem.

Mit Freundinnen habe ich jedoch schon mal die ganze Tortentour bergab bis zur Patisserie von Christian Thielen geschafft. Nun gut, es war kein Paradebeispiel für einen gesunden Ernährungstag, aber für einen leckeren. Und man macht so etwas ja nicht jede Woche. Für schwerwiegende, notfallartige Folgen einer Caféteststrecke wäre das Krankenaus überdies nicht mehr weit. Doch das Gegenteil stellte sich ein: Wohlbehagen. Der Konditor Thielen hingegen entpuppt sich als eine Art begnadeter Workaholic. Denn sein Kaffeehaus ist kein gewöhnliches

Café, sondern eines mit »Live-Cooking«. Wobei nicht gekocht wird, sondern mit hoch konzentrierter Feinmotorik per Hand alle Schritte der Patisserie zelebriert werden. Es hat etwas von Goldschmiedearbeit, wenn man Thielen zuschaut. Die kleinen Kunststücke erinnern Dich an Urlaube in Frankreich, Österreich oder Spanien, denn dort sind raffinierte Farb- und Formspiele bei Süßem üblich. Das Auge isst mit.

Aber irgendwann ist es höchste Zeit, doch etwas kalorienfressende Bewegung ins Ausflugsprogramm zu integrieren. Das ist mit steilen Anstiegen ziemlich effektiv. Schon der Anstieg zum Dronketurm auf dem Mäuseberg südöstlich des Dauner Ortsteils **Gemünden** bringt Deinen Kreislauf in Schwung. Dann gibt es dank des rund zehn Meter hohen, wuchtigen wilhelminischen Gemäuers fantastische Aussichten über die Eifel bis zum Hunsrück, wenn das Wetter klar genug ist. Hier oben bist Du auf dem Kraterrand zwischen dem waldgesäumten Gemündener Maar und dem Totenmaar. Im Sommer kannst Du im Naturfreibad des Gemündener Maars schwimmen oder auf der weitläufigen Liegewiese chillen. Außer an jenen Abenden, wenn es heißt »Klassiker auf dem Vulkan«. Dann verwandelt sich das Freibad in eine Seebühne, auf der schon mal Größen wie Giora Feidman auftreten, während auf der Liegewiese gelauscht und gepicknickt wird. Vom Totenmaar solltest Du allerdings die Finger lassen. Nicht weil Du im mehr als 50 Meter tiefen Wasser unmittelbar vom Tode bedroht wärest, sondern aus Naturschutzgründen. Der Spitzname – eigentlich heißt es Weinfelder Maar – kommt von der Legende eines Schlosses, das angeblich im Wasser versank, und von der Pest, die den Ort Weinfeld im 16. Jahrhundert dahinraffte. Eine im Inneren mit vielen Votivtafeln ausgekleidete Kapelle samt Friedhof ist alles, was übrigblieb.

Wie ging der alte Spruch … nach dem Genuss ruh'n oder tausend Schritte tun? Falls die zuckrigen und sahnigen Avancen der Dauner Cafés Dich in der sitzenden Position festhalten, wäre eine Fahrt durch den Wildpark im Ortsteil **Pützborn** nicht verkehrt. Der Park besteht im Wesentlichen aus einer acht Kilometer langen Autowanderstraße mit zahlreichen Haltepunkten und Tribünen, wo Du in Tuchfühlung mit allerlei heimischen und exotischen Tieren gehen kannst. Yaks und Bisons, Wildschweine, Hirsche und Rehe, Mufflons oder Wildpferde leben im Park in relativer Freiheit, denn das Gelände ist riesig. Es gibt neben dem Freigelände eine Greifvogelstation mit Flugschau und eine Miniwüste mit

Erdmännchen. Die Affenschlucht nicht zu vergessen! Hier kommst Du nicht mit dem Auto hinein, sondern bist auf Deinen zwei Beinen unterwegs. Beim Spazierengehen durch diesen ganz besonderen Wald solltest Du achtgeben auf das halbe Hundert Berberaffen, die hier mal auf zwei, mal auf vier und mal auf allen Beinen plus Schwanz durch die Gegend turnen. Sie dürfen nicht gefüttert werden, aber ob sie das wissen? Jedenfalls kommen ganz freche Exemplare Dir schon mal nahe, betasten Dich mit seltsam kalten, aber kräftigen Fingern und würden Dir am liebsten von Autoschlüssel bis Obst so einiges aus der Tasche klauen. Als Schutz vor diesen niedlichen Möchtegerndieben kannst Du Dein Kleingepäck gleich im Safe am Eingang deponieren. Oder aber Du passt auf wie ein Luchs. Den gibt's im Park in echt aber nicht.

www.brotkunst.de
www.stadtcafe-may.de
www.dauner-kaffeeroesterei.de
www.geopark-vulkaneifel.de/eifel/landschaft/maare-und-kraterseen
https://m.klassikeraufdemvulkan.de/
www.wildpark-daun.de

AUSFLUG 23 / MATRONEN AN DER QUELLE DES SÜßEN LEBENS – ACTION RUND UM NETTERSHEIM

Das Café Zur Römerquelle am Rand von **Nettersheim** befindet sich in einer historischen Winkelhofanlage aus dem 19. Jahrhundert. Das Fachwerk sorgt für nostalgischen Kuschelfaktor zu Kaffee und Kuchen. Doch verglichen mit dem, was in dieser Gegend bereits an Bausubstanz gefunden wurde und vermutlich auch noch tief im Acker verborgen liegt, muss man es wohl als nüchternen Neubau bezeichnen. Relikte geheimnisvoller Tempelanlagen inklusive Matronenheiligtum, militärischer Kastelle, ausgefeilter Gewässernutzung und luxuriöser Villen aus gallorömischer Vergangenheit bezeugen, dass hier schon vor 2.000 Jahren allerhand los war. Jetzt führt der Eifelsteig am Café vorbei und sorgt im Sommer und an Wochenenden erneut für einen gewissen Rummel. Die antiken Bauten ihrerseits waren hochmodern angesichts der altsteinzeitlichen Relikte, die ebenfalls ans Tageslicht kamen. Jäger pirschten vor mehr als 10.000 Jahren hier durch eine raue Tundra. Und heute? Dank Familie Hess herrscht drinnen wie draußen auf der Terrasse eine rheinische Kaffeetafelgemütlichkeit. Die Zutaten für die Kuchen, Torten und herzhaften Eintöpfe stammen aus der Umgebung, die Eifel ist eine Herzensangelegenheit. Da fehlt der Sonntagnachmittagsklassiker seit anno dazumal nicht: frisch gebackene Waffeln mit Sahne und Kirschen. Die Brote übrigens kitzeln den Gaumen mit ungewöhnlichen Zutaten wie Dinkelsprossen, Kartoffelflocken, Emmer oder Reis und Hirse. Wenn Du die Umgebung zu Fuß erkunden willst und auch vor längeren Etappen auf dem Eifelsteig, dem Römerkanalwanderweg, dem

Eifeler Quellenweg oder dem Kräuterpfad nicht zurückschreckst, kannst Du Dich Norbert Hess anvertrauen. Nur sonntags nicht. Hess ist Herr der Kuchen und Wanderführer in Personalunion. Für Couchpotatoes arg beeindruckend ist, dass er auch dreifacher Megamarschteilnehmer ist, unter anderem in Finnland.

So weit musst Du gar nicht gehen für Aha-Effekte. Die Gegend südlich von Nettersheim bis nach Marmagen ist ein Archäologischer Landschaftspark mit etlichen Fundstätten und war in der Antike eine Art Autobahnkreuz. Die Via Agrippa, Rennstrecke von Köln nach Trier, traf auf die Verbindung Trier-Neuss – oder das, was heute Neuss ist. Auf dem Görresberg, der Anhöhe zwischen Urft und Schleifbach, umweht Dich heilige Mütterlichkeit. Der Kult der Matronae Aufaniae war Feminismus live. In den linksrheinischen Gebieten des einstigen Römerreichs, bis hinunter nach Spanien, ist eine matriarchalische Spiritualität belegt. Die Reliefs rekonstruierter Weihesteine zieren jeweils drei Damen, die keine Scheu vor Rundungen hatten. Etwas Moppeligkeit entsprach dem Gesundheitsideal der früheren Jahrhunderte, frau hatte gern ein paar Reserven für drohende Hungerperioden in petto. Dennoch strahlen die Matronen eine gewisse

Strenge aus, wie sie da in ihren Gewändern sitzen und Dich frontal anschauen. Du kannst Dich der andächtigen Stimmung kaum entziehen.

Vor 380 Millionen Jahren war von Spiritualität noch keine Spur. Der Mensch tauchte erst Äonen später auf der Bühne des Planeten auf, sodass Korallen, Stromatholithen, Brachiopoden und andere Lebewesen noch unbehelligt von frechen Frauen, heimtückischen Schlangen, smartem Obst und naiven Männern ihr unterseeisches Paradies genossen. Auch klimatisch ging es deutlich anders zu als nach dem Sündenfall: Die Eifel war der Boden eines tropisch warmen Meeres. Während man anderswo auf keinen Fall Fossilien ausgraben und mitnehmen darf, ist das auf dem eigens dafür vorgesehenen Fossilienacker in der Nähe des Naturzentrums Nettersheim anders. Hier kannst Du Dich mit Schaufel, Eimer und Hämmerchen ausgerüstet auf die Suche machen. Im Naturzentrum kriegst Du einen Eindruck, wie die versteinerte Welt in Deinem Eimer vielleicht live ausgesehen haben mag: Es gibt ein Meerwasseraquarium mit künstlich angelegtem Korallenriff, das so farbenprächtig ist wie Du es Dir vorstellst.

Fossilien kannst Du ganzjährig sammeln nach dem Motto, es gibt kein schlechtes Wetter, nur unpassende Kleidung. Die Action im Arboretum Naturparcours östlich von Nettersheim ist dagegen auf das Sommerhalbjahr beschränkt – und auf echte Sportfans, also jene Spezies, die nicht nur auf dem Sofa zuschaut, sondern sich selbst voll Elan und Muckis ins Getümmel stürzt. Die Anlage ist ein Outdoor-Fitnessparcours mitten im traumhaft schönen Wald, bestückt mit Hindernissen, die an die Grundausbildung bei der Bundeswehr erinnern. Aber es gibt Menschen, denen genau das gefällt. Ich zähle nicht dazu, doch allein das Zuschauen fordert mir größten Respekt vor der Leistungsfähigkeit anderer Körper ab. Wagemutige schwingen sich an Seilen wie Orang Utans schwerelos über schlammige Wassergräben oder hechten hölzerne Wände in der Vertikale hoch. Und anderes mehr.

www.cafe-zur-römerquelle.de
www.naturzentrum-eifel.de
www.roemer-tour.de/roemerspuren/deutschland/nordrhein-westfalen/matronenheiligtum-goerresburg-nettersheim
www.arboretum-naturparcours.de

AUSFLUG 24 / EIN TRAUM VON ARKADIEN – LEBENSKUNST IM SÜDEN DER EIFEL

Eifeler Kuchen trifft auf mediterrane Eleganz ... so ungefähr fühlt es sich im Café Matteo Alberti im Schloss **Malberg** in der Südeifel an. Heidi Rink,

Herrin der Malberger Dorfbäckerei unten im Kylltal, ist verantwortlich für das, was oben auf dem Bergsporn an Süßem gereicht wird: frische, möglichst regionale Zutaten und klassische Rezepte, alles hand- und hausgemacht. Das ergibt eine fruchtbare und köstliche Begegnung der Kulturen. Schwarzwälder Kirsch, Fürst-Pückler-Torte mit Marzipan, Aprikose-Schmand oder fruchtige Obstkuchen à la

Eifel sind dem Architekten des Schlosses allerdings garantiert unbekannt gewesen. Matteo Alberti, der das »Neue Haus« und die Kapelle der barocken Anlage im 17. Jahrhundert entwarf, war ein Schüler des berühmten Andrea Palladio. Das Schloss in Schwetzingen, die Ursulinenkirche in Köln und die Düsseldorfer Kunstakademie entstanden nach Albertis Plänen. »Neu« ist das Malberger Schlosshaus im Vergleich zur trutzigen Burg, die rund um das Jahr 1000 erstmals erwähnt wurde. Die barocke Pracht wirkt von Weitem wie eine aus der Toskana hierhin gewehte Fata Morgana, die im Grün der Galeriewälder entlang der Kyll und über den Dächern des Dorfes Malberg schwebt. Arkadien ist in der Mythologie der Inbegriff eines idyllischen, seligen Landglücks, und insofern ist der architektonische Ausflug vom Mittelmeer in die Eifel absolut arkadisch. Vor allem, wenn es Sahniges aus der Dorfkonditorei gibt. Führungen durch das Innere offenbaren einerseits elegante Räume mit Holzvertäfelungen, Gemälden und Gobelins, andererseits ein »work in progress«. Das Schloss nämlich geriet durch die Französische Revolution in Turbulenzen wechselnder Besitzer und fristete schließlich jahrelang eine Existenz als privat betriebene Pension, bis auch die nicht mehr rentabel war. Der Kontrast von luxuriöser Noblesse und den tristen Resten einer jugendherbergsähnlichen Einrichtung der 1960er Jahre hat durchaus etwas Reizvolles. Das Schloss Malberg gänzlich in den historischen Glanz zurückzuversetzen, ist eine Mammutaufgabe, deren allmähliche Fortschritte teilweise besichtigt werden können.

Vom Schloss zur Abtei **Himmerod** im Salmtal ist es nicht weit, war es auch zu Zeiten des berühmten Ritters Kuno nicht. Der legendäre Kreuzzügler, zuvor Burgherr in Malberg, tat nach dem vermeintlich christlichen Gemetzel gegen die Orientalen im Kloster Buße und wurde Mönch. So weit muss es aber nicht kommen, wenn es Dich ebenfalls nach Himmerod zieht. So weit kann es auch gar nicht mehr kommen, denn nach rund 900 Jahren gab es 2017 das Aus für eines der traditionsreichsten Zisterzienserkonvente in Europa. Der Grund: Kein mönchischer Nachwuchs mehr, dafür eine zwar äußerlich schöne, aber energetisch jeden Geldbeutel überstrapazierende Bausubstanz. Darum ist es derzeit viel stiller als noch vor einigen Jahren in und um Himmerod, doch einen Besuch lohnt die Abtei trotzdem, denn zur Ruhe zu kommen, ist Sinn eines andachtsvollen Kraftortes. In der Kirche finden Konzerte statt, es gibt eine Klostergärtnerei

und eine Klosterfischerei, die für ihre geräucherten Forellen in der ganzen Region berühmt ist. Winzig ist ein Klostercafé am Torhaus und nebenan ein Laden, in dem Du erbauliche Lektüre, Geschenkartikel, Kerzen, Liköre oder Honig aus der Umgebung kaufen kannst. Im Gegenzug bekommst Du ein noch besseres Gewissen, denn mit dem Kauf unterstützt Du den Erhalt der Klosteranlage.

Das Flüsschen Salm, das auch die klösterlichen

Fischteiche mit Wasser versorgt, ist die »Hauptschlagader« eines Mühlenpfades. Wenn Du etwas mehr als sieben Kilometer durch Lieblichkeit pur spazieren willst, kannst Du auf einem Ufer an der Abtei starten, in **Eisenschmitt** wenden und am anderen Ufer zurückgehen. Du kommst im Weiler **Eichelhütte** vorbei, wo Du als Wanderer im Viersternehotel Molitors Mühle tagsüber ein Bistro in einem Ambiente vorfindest, das Dich für die gastronomische Friedhofsruhe der Abtei mehr als entschädigt. Gegenüber auf der anderen Straßenseite fällt Dir ein verwunschenes, in ein Gartendickicht gekuscheltes großes Haus auf. Ein Schild am Straßenrand fordert Dich auf einzutreten. Ein bisschen spooky wirkt alles, aber eines Tages nahm ich meinen Mut zusammen, ging die ausgetretenen Steinstufen bis zur uralten, stilecht knarrenden Holztür hoch und öffnete sie vorsichtig. Drinnen empfing mich eine Mischung aus Museum, Kunstatelier und Leuchtenladen. Alabasterlampen, so weit das Auge reicht, historische Türknaufe und Kleiderhaken aus Porzellan, bunt bemalte Tierfiguren aus Blech, Ölgemälde … ein Märchen für Menschen, die genormte DIN-Wohnaccessoires aufrichtig hassen. Mittendrin, mit zwei verschiedenen Schuhen, der Hausherr Ben Grümmer-Czich. Er hat mit seiner Frau Iris das

Ganze »NaturSteinLicht – einfach schöne Lampen« genannt und damit maßlos untertrieben. Es ist nicht Kunst am Bau, sondern Kunst im Bau, und allerlei Tipps für den Umgang mit analoger Elektrizität, die noch Sicherungen zum Rausdrehen kennt, oder überhaupt fürs Leben bekam ich obendrein.

In noch exotischere Vergangenheiten tauchst Du in der Villa Otrang bei **Fließem** ein. Die einstigen Bewohner kannten zwar bereits Alabaster, aber jegliche Stecker oder Stromkabel waren für sie noch rund 1.300 Jahre entfernte Zukunftsmusik. Wie schicke Bodenmosaiken und eine ausgefeilte Heiz- und Warmwassertechnik verraten, ließ es sich die gallorömische High Society dennoch gut gehen. Oder wie sonst soll man eine Wohn- und Nutzfläche von insgesamt 3.600 Quadratmetern mit 66 Räumen interpretieren, dazu noch 50.000 Quadratmeter Gartengelände und natürlich ein kleines Heiligtum? Ohne das ging im 1. bis ins 4. Jahrhundert nach Christus nichts. Zu dieser Zeit wurde die Anlage bewohnt, dann kamen die fränkischen Stämme des Wegs und waren offenbar so neidgeplagt, dass sie das Ganze nicht pfleglich erhielten, sondern zerstörten. Im 19. Jahrhundert entdeckten Eifeler den Schatz in ihren Wiesen. Mauern, Relikte der Badetrakte und einige prunkvolle Mosaiken sind erhalten. Die Villa wurde zwar nicht stilecht, aber mit sensiblem Nachempfinden zum Schutz vor Wetter und Erosion nachgebaut beziehungsweise überbaut. All das kannst Du jeweils am letzten Sonntag im Monat ab 11 Uhr mit einer Führung besichtigen. Hightech hilft auch in Form der kostenlosen ARGO-App, die als Augmented Reality präsentiert, wie die grandiose Villa rustica zu Römerzeiten live aussah.

www.schloss-malberg.de
www.abteihimmerod.de
www.natursteinlicht.de
www.zentrum-der-antike.de/monumente/villa-otrang

Eifeler Basics zum Selberzaubern

Döppekooche braucht Menschen mit Sanftmut

Das Eifeler »Nationalgericht« ist der Döppekooche. In manchen Eifelregionen sagt man auch Dibbelabbes dazu, in Richtung Mosel heißt er Schales. Ich habe mal probiert, ihn selbst herzustellen, und gemerkt, er erfordert angesichts einer beachtlich langen Backzeit erstens Geduld oder einen bereits anderweitig gefüllten Magen, sodass die Wartezeit keine Qual wird. Zweitens erfordert er ein gutes Gedächtnis beziehungsweise einen Ofen mit funktionierendem digitalem Timer. Wer sich erst nach zweieinhalb oder drei Stunden daran erinnert, dass da ja was vor sich hin schmurgelt, der erntet einen schwärzlichen, ziegelsteinähnlichen Gegenstand. So erging es einst mir, darum die Warnung. Ein andermal scheiterte ich am Döppekooche, als ich zu viel des Guten tat. Ich presste sämtliches Wässrige ab, das sich nach dem Reiben von rohen Kartoffeln gebildet hatte, bis ich eine an knackigen Möhrensalat erinnernde Konsistenz erreicht hatte. Auch hiermit produzierte ich letztlich eine Art Baumaterial, aber kein Nahrungsmittel.

Die klassische, nicht vegane oder vegetarische Version geht so: Du schälst ein Kilo Kartoffeln und reibst sie grob. Wobei Du entweder auf Deine Finger achtgibst oder diesen mühseligen Arbeitsschritt einem elektrisch getriebenen Maschinchen überlässt. Dann folgt eine – wie gesagt behutsame – Auspressung der entstandenen, etwas matschigen Masse, am besten durch ein supersauberes Geschirrtuch. Die immer noch saftige Angelegenheit vermischst Du mit zwei Eiern, einer zuvor ebenfalls geriebenen frischen Zwiebel, etwas Speisestärke, Salz und Muskat. Wenn Du magst, kannst Du auch noch kleingeschnittenen Lauch oder Frühlingszwiebeln untermengen, auch die Zugabe von Sauerrahm kommt gut, macht die Mahlzeit jedoch nicht kalorienärmer. Je geduldiger Du mischst, desto harmonischer das Ergebnis. Dann solltest Du möglichst einen gusseisernen Topf haben und ihn einfetten. Den Boden legst Du mit Schinkenspeckstreifen, auf Neudeutsch Bacon, aus, darüber kommt eine Lage Kartoffelmasse … und im Wechsel von Speck und Kartoffeln so weiter, bis alles im Topf ist. Um eine knusprige Kruste zu erhalten, muss die oberste Lage aus Kartoffelmasse bestehen. Das Ganze kommt bei 200 Grad zwei Stunden lang in den Ofen.

Ähzesupp – *klingt komisch, ist aber gesund*

Die Zeit spielt auch beim Suppenklassiker (k)eine Rolle. Du brauchst davon sogar eine ganze Nacht, die allerdings von Nichtstun gekrönt sein kann, während ein Pfund getrockneter Erbsen in zwei Litern Wasser still vor sich hin einweicht. Am Tag dann zauberst Du ein Pfund Suppenfleisch hervor. Für nicht Eingeweihte, die sich fragen, was dafür geeignet sein mag: Entweder den Metzger/die Metzgerin des Vertrauens fragen oder gleich Beinscheibe verlangen. Die gibt es sogar noch an den meisten Supermarkt-Frischetheken, vermutlich etwas abseits von mariniertem Grillgut, argentinischen Steaks und Parmaschinken. Die Erbsen samt Einweichwasser plus das Suppenfleisch lässt Du eine Stunde bei mittlerer Temperatur kochen und würzt das Ganze mit Salz, Pfeffer und Majoran. Derweil putzt und schnippelst Du einen Bund Suppengrün oder wirfst aus Bequemlichkeit gefriergetrocknetes Suppengrün ins brodelnde Nass und schaltest den Herd mindestens einen Gang runter. Nach etwa einer Dreiviertelstunde behutsamer Köchelei nimmst Du das Suppenfleisch heraus, pürierst das Süppchen und würzt es nach Belieben mit gekörnter Gemüsebrühe nach. Lecker wird es insbesondere, wenn Du noch Crème fraîche hinzugibst und etwas kleingehackte frische Minze. Je nach aromatischer Vorliebe kannst Du auch das zerkleinerte Suppenfleisch wieder hinzugeben oder Mettwurst oder Brühwurst … oder gar nichts.

Hongslatze – Salat für alle Lebenslagen

Ehrlich gestanden, ich weiß nicht, was Hongslatze bedeutet. Es muss was mit Erpelschloot zu tun haben. Erpel ist die verkürzte Dialektform für Erdäpfel und kein männlicher, quakender Wasservogel. Schloot meint auf Eifeler Platt Salat. Und Erpel kommen in den, die oder das Hongslatze, um gemeinsam einen Schloot zu ergeben. Aber das Wort Hongslatze konnten mir nicht einmal Eifeler Dialektspezialisten enträtseln. Klar ist nur, was es ist: Löwenzahnsalat, nämlich mit Kartoffeln und Speck. Selbst mit einigen Semestern Linguistik im ungeschönten Lebenslauf gesegnet, vermute ich, dass Hong auf das Dialektwort für Hund hinweist und Latze auf Lefze deutet. Schließlich weist ein frisches Löwenzahnblatt eine Zackenform auf, die entfernt an ein Hundemaul erinnert. Für einen aromatischen Vitaminstoß frisch aus einem möglichst naturbelassenen Garten- oder Wiesengrundstück brauchst Du ein Pfund Löwenzahn, den Du in noch jugendlichem Alter vor der Blüte ausrupfst, putzt und in Stücke schneidest. Und wenn Du schon am Sammeln und Pflücken bist: Gänseblümchen, zarte Huflattichblättchen und sanfte Brennnesselblätter wandern genauso in die Salatschüssel. Giersch passt zur Not auch noch rein. So gesund waren Zutaten selten, so nah an den elementaren Erfahrungen von Kuh, Ziege und Schaf hast Du Dich nie gefühlt. Und so stilvoll hast Du noch niemals vermeintliches Unkraut bekämpft. Etwas konventioneller ist die Zubereitung der Speckwürfel, die Du mit Zwie-

beln anbrätst, und der Vinaigrette mit Salz, Pfeffer, Öl und Essig. Dank dieser Accessoires wird aus der sattgrünen Mümmelmanntour quer über die Wiese ein Genuss von einfacher Raffinesse.

Tafelspitz nach Birgeler Art – natürlich mit Senf

Auch dieses Gericht ist nichts für Vegetarier, sondern ebenfalls für Menschen, die eine gute, handwerkliche Metzgerei in der Nähe haben. Daran mangelt es zum Glück in der Eifel nicht. Dort kaufst Du knapp ein Kilo Tafelspitz, also jenes magere Fleisch aus der Rinderhüfte, das sich perfekt zum Schmoren eignet. Und Du hast Suppengemüse, bestehend aus Möhren, Lauch, Sellerie, Zwiebel und Petersilie … am besten frisch und selbst geputzt, aber zur Not geht auch Gefriergetrocknetes. Du brätst dieses Gemüse ganz kurz in Olivenöl oder Butterschmalz an, fügst etwa anderthalb Liter Wasser plus Salz und Pfeffer hinzu und kochst das Ganze auf. Anschließend legst Du das Fleisch hinein und lässt alles bis zu drei Stunden lang auf Sparflamme knapp unter dem Garpunkt ziehen, nicht sieden. Es ist also wiederum Zeit und Fingerspitzengefühl oder ein digital gut temperierbarer Herd gefragt.

Derweil pürierst Du zwei Bund frische gemischte Kräuter nach Wahl, zwei Sardellen und Knoblauch (eine Zehe kann ausreichen), mischst dann einen Teelöffel Senf, noch mehr Öl und Zitronensaft hinein. Der Senf muss natürlich nicht von der Historischen Mühle in Birgel oder aus Monschau stammen, aber verkehrt ist das nicht – der Originalität halber. Außerdem kochst Du zwei oder drei Eier hart und würfelst sie. Das Fleisch, das währenddessen in der Brühe ruhen durfte, wird anschließend herausgenommen und in Scheiben geschnitten, die Sauce gibt's obendrauf. »Stampes«, also rustikales Püree aus Pellenz-Kartoffeln, passt super dazu, am besten zubereitet mit etwas Brühe, einer Prise Muskat und etwas Butter.

Der Turmbau zu Gillenfeld – Rote Bete plus Ziegenfrischkäse

Endlich was Vegetarisches, als Vorspeise oder in entsprechender Menge auch als Hauptgericht. Was Du dafür brauchst, ist vor allem Ziegenfrischkäse. Am leckersten für das Gericht ist die »Eifelfrische mit Pinienasche«, denn der schwarze Belag verleiht dem Käse ein besonders würziges Aroma. Was Du noch brauchst, sind Rote Bete. Wenn Du es am liebsten frisch und bio hast, kannst Du sie natürlich selbst schälen und kochen, jedoch simpler im Umgang sind die dunkelroten Vitaminbomben bereits vorgegart im Glas. Es bleibt Dir überlassen, sie in höchstens fingerdicken Scheiben zu schneiden. Dabei lass Vorsicht walten, denn die Dinger neigen dazu, in der gekochten Version ungemein gleitfähig zu sein, sodass sie sich Dir gern entwinden und dabei hartnäckige Farbspuren auf Küchenmobiliar und Kleidung hinterlassen können. Aber es wird Dir letztendlich garantiert gelingen, sowohl widerspenstiges Gemüse wie weichen Käse in Scheiben zu portionieren. Du heizt den Ofen auf 180 Grad vor, legst die Bete-Scheiben in eine Backform, gibst Olivenöl sowie schön grobkörniges Meersalz drauf und lässt sie etwa eine Viertelstunde backen. In der Zwischenzeit machst Du aus Raps-, Rosmarinoliven- oder purem Olivenöl, dem Saft einer Zitrone, etwas Ahornsirup, Salz, Pfeffer und einer Prise Zimt eine aromatische Salatsauce. Dann dürfen die Rote Bete auf den Teller, Du gibst auf jede Scheibe eine Scheibe Ziegenkäse, dazwischen träufelst Du immer etwas Sauce. Und damit es fein aussieht, garnierst Du das Türmchen mit Grünem wie etwa jungem Spinat, Feldsalat- oder Basilikumblättern, auch Nusssplitter und geröstete Pinien- oder Sesamkerne machen sich gut und geben dem Aroma noch mehr Geschmacksnuancen. Für den Hauch Süße dazu eignen sich fein gehäckselte, getrocknete Datteln oder Cranberries.

Alles Gute von der Streuobstwiese – Südeifeler Apfelkuchen

Für den standesgemäßen Sonntagskaffeetisch sind die vielen Apfelbäume vor allem in der südlichen Eifel ein Segen. Da macht man zwar vor allem Obstbrand draus, aber zu viel Sprit statt Spirit ist nicht gut für die Leber. Apfelkuchen kriegt auf dem Nutriscore ebenfalls kein A, ist jedoch zumindest familienfreundlich. Also nimmst Du ein halbes Kilo Äpfel, schälst, entkernst und zerschnippelst sie. Damit die Stücke nicht braun werden, gibst Du Zitronensaft hinzu. Dann dünstest Du sie, bis sie mürbe, aber nicht matschig sind, und gibst etwa vier Esslöffel Butter, sechs Esslöffel Zucker und wahlweise Mandelsplitter oder sonst etwas Nussiges, Knuspriges hinzu. Du verrührst das Ganze, bis die Butter geschmolzen ist und Du eine Kuchenfüllung mit Stückchen hast. Wenn Du magst, kannst Du noch Rumaroma, Rosinen oder Zimt hinzugeben. Derweil ist Dein Backofen auf 190 Grad vorgeheizt und Du machst mit dem Teig weiter. Dazu schlägst Du 150 Gramm Butter mit 125 Gramm Zucker und zwei Päckchen Vanillezucker schaumig. Drei Eier kommen einzeln hinzu. Wenn Du es besonders saftig und fluffig magst, gehen auch vier Eier, die jeweils für sich untergerührt werden. Der Clou sind 125 Gramm zarte Haferflocken, die Du ebenfalls mit Wonne unterrührst. Zum Schluss kommen noch fünf Esslöffel Mehl, sorgfältig vermischt mit einem Teelöffel Backpulver, sowie etwas geriebene Bio-Zitronenschale und eine Prise Salz auf die rohe Teigmischung. Dann gibt Dein Handmixer so lange sein Bestes, bis Du eine homogene Masse hast, die dennoch eine gewisse Körnigkeit der Haferflocken aufweist. Zwei Drittel des Teiges füllst Du in eine ausgefettete Backform, darauf kommt die Apfelfüllung, das restliche Teigdrittel setzt Du als kleine Häufchen obendrauf. Nach etwa einer halben Stunde empfiehlt es sich, den Kuchen mit etwas Alufolie abzudecken, damit er nicht zu dunkelbraun wird. Eine weitere halbe Stunde braucht der Kuchen im Ofen, bis Du eine köstlich riechende Eifelleckerei aus der Hitze ziehst, die Du gleich warm mit Schlagsahne oder Vanillesauce genießen kannst. Aber auch abgekühlt schmeckt sie bestens.

Quer durch den Eifeler Sommergarten – Griesschnitte mit ganz viel Rot

Eine Stippvisite in einem traditionellen Eifeler Dorfgarten oder ein Spaziergang im Wald ist ergiebig: Brombeeren wuchern sowieso überall, Himbeeren und Erdbeeren vermehren sich ungehemmt, wenn man nicht aufpasst. Johannisbeersträucher sind voller roter, aber pur ziemlich saurer Schätze. Teils sogar auf Wiesen und entlang von Feldwegen gibt es hohe, mächtige Kirschbäume, die sich der industriellen Ernte widersetzen und per Hand erobert werden wollen. All das schreit geradezu nach der Kunst der Roten Grütze. Du machst insgesamt ein Pfund querbeet durch die Sorten hübsch sauber und merzt Druckstellen, Kerne oder sonstige unerwünschte Beigaben von Mama Natur aus. Dann kommt alles zusammen in einen Topf, Du fügst ein Päckchen Vanillezucker und 80 Gramm normalen Zucker, etwas Zitronensaft, Nelkenpulver, einen Viertelliter Johannisbeersaft und etwas Wasser hinzu und garst das Ganze vorsichtig mit geschlossenem Deckel. Vielleicht sieben oder acht Minuten lang, dann gibst Du 40 Gramm Speisestärke und – voilà – etwas Rotwein dazu. Mag sein, dass Du noch eine Flasche Spätburgunder von der

Ahr offen hast. Nach zwei Minuten Kochen kannst Du die Mischung vom Herd nehmen und sie kalt werden lassen. Die Grütze ist fertig.

Du brauchst noch Vanillesauce. Ehrlich gesagt, es gibt ganz passable fertig zu kaufen. Das Auskratzen von echten Vanilleschoten und das behutsam temperierte Hantieren mit Eigelb, Milch, Speisestärke, Salz und Zucker sind nicht jedermanns und jederfraus Sache. Dein Geschick wird zunächst einmal für die Griesschnitten gebraucht. Du stellst einen Liter Vollmilch auf die sich erwärmende Herdplatte, und während die Milch von Kühlschranktemperatur auf mehr als euterwarm wechselt, gibst Du fünf oder mehr Esslöffel flüssigen Honig dazu. Fast in jedem Dorf gibt es noch einen Hobbyimker, ansonsten ist der Honig von Eifelimker Thomas Körsten aus Neroth wunderbar – oder fast zu schade. Doch eigentlich kann ja nichts gut genug sein. Jedenfalls kochst Du das Ganze kurz auf, gibst 150 Gramm Hartweizengries hinein und rührst fleißig, während die Masse zwei bis vier Minuten weiterköchelt. Dann gibst Du alles in eine Auflaufform, übst Dich mal wieder in Geduld und lässt es kalt werden. Sobald die Masse fest genug ist, kannst Du sie in hübsche Portiönchen schneiden, herausnehmen, in einem Hauch Paniermehl wenden und sie kurz in Butter anbraten, bis sie eine hellbraune Kruste bekommen. Und dazu gibt es die Rote Grütze und besagte Vanillesauce.

Vulkanmorcheln mit Schuss

Einst gab es in Daun eine Institution, welche für eine aus Luxemburg inspirierte Trüffelsorte berühmt war. Dauner Morcheln wurden sie genannt. Trüffel wie Morcheln waren dabei keineswegs in ihrer pilzigen Bedeutung gemeint, sondern in ihrer ultimativ schokoladigen. Denn bei der Institution handelte es sich um ein Traditionscafé. Als das Café für immer seine Pforten schloss, riss das eine schmerzhafte Lücke in die süße Szene der Region. Ersatz musste her, denn das Originalrezept wurde nicht verraten. Die Experimentierfreude bietet folgende Lösung: Du schlägst ungefähr siebzig oder achtzig Gramm Butter in einem hohen Rührgefäß schaumig. Dann zerkleinerst Du etwa 300 Gramm Schokolade, überwiegend Zartbitter, und lässt sie im Wasserbad unter stetem Rühren schmelzen. Währenddessen erwärmt sich auf dem Herd behutsam der Inhalt eines 200-Gramm-Bechers Schlagsahne. Wenn sie anfängt zu kochen, rührst Du die flüssige Schokolade in den Topf, bis es eine samtige Masse ergibt, die sich etwas abkühlt. Aber noch warm vermengst Du sie im Rührgefäß mit der Butter, bis wirklich kein helles Flöckchen mehr zu sehen ist, und gießt zwei Fingerhut Eifeler Schlehenlikör hinzu. Die zähflüssige Schokomasse gibst Du in eine flache Form, streust Mandelkrokant drüber und stellst sie kalt. Wirklich kalt. Denn halbwegs unfallfrei weiterverarbeiten lässt sie sich nur, wenn sie schnittfest ist. Mithilfe eines kleinen Portionierlöffels kannst Du Kugeln formen, die sich dank des Einsatzes von drübergestreutem Kakaopulver auch halbwegs voneinander trennen lassen. Es bleibt nicht aus, dass an Löffel und zumeist auch Fingern etwas von dem kleben bleibt, was bald als handgemachte Trüffel respektive Praline oder Morchel durchgeht. Aber allein schon das Abschlecken macht ungebremst schokoglücklich.

Haute Cuisine mit Nebenwirkung

Eine Art Krimidessert

Eleonore Brantl-Barleigh kannte sie alle, Leonardo di Caprio und Emma Watson, Liam Neeson und Hilary Swank. Sie berichtete von Stars und Royals, brachte Skandale und Politikeraffären in die Schlagzeilen und ins Netz. Nach ihrer Rückkehr aus Übersee gab es immerhin noch Andy Borg oder Katja Riemann. Sie ist jemand gewesen, auf Augenhöhe. Wann hat das aufgehört? Vor drei oder vier Jahren konnte sie es nicht mehr leugnen, nicht einmal vor sich selbst: Die Likes waren irgendwie abhandengekommen. Wohin bloß? Der smarte Chefredakteur Richard Horstbock, ein waschechter Babyboomer, war frisch aus der Elternzeit zurück und bedeutete ihr, dass sie … nun ja, wie sollte man das sagen, ohne altersdiskriminierend zu sein, aber sie sei ja seit mindestens acht Jahren immer knapp vor der Menopause. Und sie sei nun mal nicht Frauke Ludowig, die ihre hyperschlanken Beine immer derartig verschachtelte, dass die Positionen nur mit jahrzehntelangen Dehnübungen zu erklären waren. Eleonore hingegen ... nun ja, wenn ein Upcycling in der Privatklinik von Privatdozent Dr. Dr. Waldemar Bügeler für sie nicht infrage käme, wäre es doch wunderbar, wenn sie das Fach wechselte, etwas finden würde, das wirklich zu ihr passt. Sie hatte in einem Anflug von Not und selbstkasteiendem Sarkasmus Mick Jagger vorgeschlagen, der hätte altersmäßig gepasst. Nein, der macht noch zwanzig Tourneen, hatte Horstbock abgewiegelt, wir dachten da an was Solides, Gastrotipps und so. Tokyo, New York, Paris? Er hatte sich die grauen Schläfen gerieben und sie angeschaut wie ein Dackel, der zwischen Stolz und Schuldbewusstsein schwankte, weil er noch flauschige Fellreste von Töchterleins Meerschweinchen zwischen den Zähnen hatte: Ostwestfalen, Nordhessen, Südniedersachsen, irgendwas. Inlandsurlaub ist Megatrend, meine Liebe, such dir was aus, und übrigens, Freunde nennen mich Rich, Rich wie reich, mach das doch auch, liebe Leo. Er lächelte huldvoll. Sie schluckte und nickte.

Kampflos wollte sie sich jedoch nicht ergeben. Nach Lektüre einschlägiger Fachmagazine stellte sie die Bedingungen: Baden-Württemberg, Bayern, Berlin. Oder Eifel. Horstbock zog die Brauen hoch. What?! Baden-Württemberg, Bayern und Berlin waren redaktionell schon vergeben, also Eifel. Aber wieso Eifel? Musste das sein? Warum dann nicht eher Brandenburg?

Sie war beharrlich. Weil in der Eifel coole Topadressen aus dem Boden gesprossen sind wie Pilze, antwortete sie, weißt du das nicht, Rich? Wusste er nicht. Sie umgarnte ihn, bis es nervte. Sie versprach Brandenburg fürs nächste Mal. Er lenkte ein. Sie wollte Vorschuss und Spesen. Er fand 500 Euro angemessen. Sie wollte 1.000. Er dachte an die 6.000 Quadratkilometer Größe der Eifel und gab ihr 1.500. Damit er seine Ruhe hatte.

Das alles geschah im Januar. Im März erkundigte er sich per WhatsApp, ob sie gut vorankomme. Sie schickte drei Daumen hoch zurück. Im April fragte er nochmal nach. Es kam keine Antwort. Im Mai wollte er endlich die Reportage. Eleonore Brantl-Barleigh schwieg. Anfang Juni schickte er ihr eine Drohmail, wenn sie nicht sofort das Material schicke, könne sie den Auftrag vergessen. Ende Juni strich er sie aus der Liste der Freelancer. Den Chatverkehr speicherte er zur Sicherheit.

Beim Sammeln von wild wachsenden Pfifferlingen im Juli fand ein Hund mit Schleppleine, an deren anderem Ende eine rüstige Seniorin hing, in den dichtgrünen Buchenwäldern der Vulkaneifel etwas ganz anderes als Pilze. Die Seniorin schrie auf, das Team der Spurensicherung blieb anschließend profimäßig cool und machte seinen Job. Richard Horstbrock im fernen Hamburg gab sich bei seiner Befragung betroffen, dass eine seiner besten Kolleginnen, ja, um ehrlich zu sein, die beste seiner Kolleginnen auf so tragische Weise ums Leben gekommen war. Mord? Nein, das konnte er nicht glauben, es musste ein Unfall sein. Seine Leo war doch bei allen beliebt. Bei einem oder einer aber nicht, dachte die befragende Kripobeamtin. Denn nicht einmal in der Eifel, die als inspirierende Regionalkrimilandschaft galt, verließen moosbewachsene Basaltbrocken, die seit Jahrtausenden im Waldboden steckten, von allein ihre angestammte Lage, attackierten hinterrücks Spaziergänger:innen und klauten das Handy, das laut Provider bis zu jenem Moment eingeloggt war. Der Provider offenbarte auch die Liste der zuletzt angerufenen Kontakte. Fleißarbeit für die Kolleg:innen in der Eifel, dachte die Ermittlerin und fand es schade, dass für sie in der Hansestadt nur die Polizeikantine zum Besuch anstand.

In der Eifel überflog Kommissar Werner Baltes die Namen und fluchte. Warum ausgerechnet er? Warum ausgerechnet jetzt? Seit Wochen quälten ihn Magenschmerzen, sein Arzt hatte ihm strikte

Schonkost verordnet. Nichts Gegrilltes, kein rotes Fleisch, nichts gut Gewürztes, kein Alkohol, kein Kaffee, nicht einmal Zucker in den morgendlichen Kräutertee, der seinen Kreislauf nicht in Schwung brachte. Stattdessen geschmacksneutraler Kartoffelbrei, weich gedünsteter Fisch, lauwarmer Milchreis, flappiges Weißbrot, solche Sachen, ideal für Kleinkinder oder zahnlose Greise. Er hatte gehofft, erst in drei Jahrzehnten wieder so weit zu sein. Die Liste der leckeren Dinge, die er eine ganze Weile nicht essen sollte, war fast länger als die Liste der Restaurants und Cafés, die er abklappern musste, um eine/n Mörder:in zu finden. Er fluchte noch mehr. Mussten diese Hamburger so lückenlos gendern, sogar im kollegialen Anschreiben? Political Correctness war ja korrekt, fand er. Aber dass ausgerechnet bei Mord und Totschlag Frauen mitgenannt sein sollten? War das statistisch überhaupt plausibel? Wollten die das überhaupt? Und war das feministisch? Baltes hatte da seine Zweifel. Er glaubte fest daran, dass Frauen sinnvollere Lösungen fanden als das testosterongetränkte Metzeln von unliebsamen Mitmenschen. Jedenfalls potenziell und im Normalfall. Aber was war schon normal? Sein angetrautes Eheweib. Fand er. Doch dann hatte er im Laufe vor allem der vergangenen paar

Jahre erstaunt begriffen, dass es ein Glück war und eben nicht die Norm.

Mit der ihm eigenen Disziplin arbeitete er die Liste der Eleonore Brantl-Barleigh ab. Achtzehn Mal schnupperte er aus einer Restaurantküche hinüberwehende Gerüche, die umso intensiver seine Riechnerven kitzelten, desto verbotenere Genüsse sie versprachen. Achtzehn Mal spülte er seine Sehnsucht nach Aroma und knackiger Konsistenz mit Mineralwasser hinunter. Naturell, natürlich. Achtzehn Mal präsentierte er das Foto der Toten und erntete aufrichtiges Entsetzen. Was? Ermordet? Wie unfassbar! Und über manch einem Kopf ahnte Baltes sprechblasengleich die Frage, was denn nun mit der versprochenen kostenlosen Werbung in diesem Hamburger Hochglanzmedium war – aus, vorbei, gestorben? Kein Bericht über das Genie am Herd, über die mit Pinzette arrangierte Dekoration auf dem Teller, über den exquisiten und doch diskreten Service, über Omas noch in Sütterlin notierte Rezepte, die nun mit französischer oder fernöstlicher Finesse neu interpretiert wurden? Niemand, dem der Kommissar begegnete, schien ein Mordmotiv zu haben. Allen gereichte das blutige Dahinscheiden der mutmaßlichen Starreporterin zum Nachteil.

Bei Nummer neunzehn war es anders. Die

Kochjacke, aus der heraus ein unwirsches Brummen erklang, hatte der Spurenlage nach zu urteilen schon die ganze Woche über Dienst getan. »Die kann was erleben, wenn die hier nochmal auftaucht, die Schnepfe!«

»Wohl kaum«, dämpfte Baltes die Erwartungen und kämpfte mit einer Hungerattacke angesichts des Inhaltes der riesigen gusseisernen Pfanne, in der es leise zischte und brutzelte. Er erspähte Tomahawk-Steaks. Gut, sogar sehr gut gewürzte.

»Wieso nicht?« Der Jackeninhalt, ein etwa vierzigjähriger Mann mit Halbglatze und hochroten Wangen, wendete die Steaks, was einen appetitlichen Duftschwall verströmte. Er hatte kaum eine Sekunde lang zur Seite geblickt, um sich das Foto anzuschauen.

»Sie ist tot. Ermordet.«

»Wundert mich nicht.« Der Koch schob die Steaks nervös hin und her.

»Wieso nicht?«

Abrupt hielt der Küchenkünstler inne. »Hören Sie, ich habe nicht viel Zeit. Das Essen muss raus. Aber so eine arrogante Tusse wie diese Dame da, die hat Ärger nur so angezogen. Die wollte alle verreißen, sage ich Ihnen!«

»Wen denn?«

»Na, alle Restaurants hier in der Gegend.«

»Nicht alle. Um genau zu sein, achtzehn Ihrer Kollegen ... Kolleginnen und Kollegen nicht. Aber Sie? Sie sollten verrissen werden?« Baltes fühlte ein Kribbeln auf den Armen. Wie immer, wenn er sicher war, auf die richtige Fährte zu kommen.

Der Koch knallte die Steaks auf bereitgestellte Teller. »Die lügen sich eins in die Tasche. Die sollten genauso verrissen werden wie ich. Oder die lügen Sie an. Damit irgendwer anders ein Mordmotiv hat. Einer muss es ja haben, oder? Und das ist natürlich derjenige, der schlecht wegkommt bei dieser ... Schnepfe!« Er schlug mit der Faust auf eine Klingel, sodass sie schepperte. »Fragen Sie Mia, die Bedienung. Aber erst, wenn sie das hier serviert hat!«

Baltes nickte und starrte auf die Teller.

»Sie sehen so unglücklich aus. Haben Sie Hunger?«

Baltes nickte und schüttelte den Kopf gleichzeitig, was ihm die Aura eines Yogaübenden verlieh. »Ich darf nicht. Höchstens Püree oder so.«

Mia saß ihm gegenüber. »Sie geben einfach Brühe dazu, etwas Butter, eine Prise Muskat.«

Baltes schrieb eifrig mit. Das müsste gehen, dachte er, das ist nicht zu heftig gewürzt und zugleich nicht fad. Sogar überhaupt nicht fad, wie er nun aus Erfahrung wusste, nach einer großen Portion Stampes. So hieß in Nummer neunzehn das Kartoffelpüree, auch das hatte er gelernt. »Aber nun zur Sache. Sie haben das Opfer des Öfteren hier gesehen?«

Die junge Frau strahlte, als habe sie beim Fernsehquiz die Millionärsfrage gewonnen. »Ja, klar! Und wissen Sie, wer zwei Mal mit ihr am Tisch saß?!«

»Nein. Wie sollte ich?«

»Da kommen Sie nie drauf!«

»Das ist richtig. Darum bitte ich Sie, es mir zu sagen.« Ein Hauch Muskat kletterte seine Speiseröhre empor, sodass er sich räusperte.

»Sammy de Mario!«

»Sammy de Mario? Wirklich?«

»Ja!«, jubelte Mia und riss die Augen auf. »Mega geil, was?!«

»Hm. Und wer ist Sammy de Mario?«

Mias Gesichtsausdruck fror eine Sekunde lang ein, dann lehnte sie sich zurück und sprach ganz langsam: »Also, Sammy de Mario heißt natürlich nicht so in echt. Müssen Sie googeln, wie er in echt heißt. Aber er ist der Superstar von TTMT!« Sie schaute in sein Pokergesicht. »Okay, ich merke schon, das wissen Sie auch nicht. Tolle Tage, miese Tage. Die Telenovela auf Hoochie.«

Er behielt sein Pokergesicht bei. »Hoochie. Ah ... ja.«

Mia seufzte und stand auf. »Mega angesagtes Streaming. Alles klar?«

Baltes sah ihr fest, wie er glaubte, in die Augen. »Das erledigen meine IT-Kolleg:innen. Kann ich bitte noch ein stilles Wasser haben?«

Sammy de Mario entpuppte sich als einer von jenen Tausenden, deren Eltern beschlossen hatten, ihren Sprössling Stefan zu nennen. Gepaart mit dem Nachnamen Müller ergab sich das perfekte Inkognito, denn es war gemeinhin unmöglich, alle Stefan Müllers auseinanderzuhalten. Sogar in der Eifel, sogar im winzigen Weiler Hinkeseifen gab es deren zwei. Aber nur einen, der so treuherzig aus stahlblauen Augen gucken konnte, dass sie per Streaming über Millionen Singlehaushalte wachten. Und nur einen, der regelmäßig in Nummer neunzehn speiste, abwechselnd zu den Offerten seiner heimischen Mikrowelle.

»Natürlich gehe ich da immer hin«, gab er freimütig zu und lümmelte sich auf dem Chaiselongue einer anthrazitfarbenen Sofalandschaft. »Man braucht halt mal was Gesundes. Sie nicht?«

Baltes, der ihm gegenübersaß, nickte. Das heißt, eigentlich lag er ihm gegenüber, denn der zum Sofa passende Designersessel wies eine dermaßen voluminöse Sitzfläche auf, dass jeder Insasse zwangsläufig die Wahl zwischen zwei Positionen hatte. Entweder schüchtern und aufrecht auf der Kante kauern oder aber, wenn Gelassenheit demonstriert werden sollte, zurückgelehnt hintüber kippen wie ein gestrandeter Käfer. Baltes fand, ein ermittelnder Staatsdiener sollte Selbstgewissheit signalisieren, hatte sich fürs relaxte Anlehnen entschieden und zu spät bemerkt, dass allein der Versuch, sich aus den weichen Tiefen hervor zu rappeln, jeglicher Würde abträglich war. Auch das verlockende Glas Mineralwasser medium, was auf dem Couchtisch eigens für ihn bereitgestellt war, blieb in unerreichbarer Ferne. »Braucht man«, bestätigte er, »und dabei haben Sie das spätere Opfer kennengelernt, Herr Müller?«

»Sagen Sie doch bitte Sammy zu mir.«

»Ungern. Mein Hund heißt so. Also, Herr Müller oder Herr di Mario, wenn Ihnen das lieber ist, welche Art Kontakt bestand zwischen Ihnen und Frau Brantl-Barleigh?«

»Jaaaa, also …« Der Star schob ihm gönnerhaft das Wasserglas näher.

Der will überlegen und Zeit schinden, dachte der Kommissar.

»Eleonore, oder vielmehr Leo, es hat zwischen uns perfekt gematcht, müssen Sie wissen, obwohl Leo eine andere Generation …« Er ließ die Worte im Raum schweben und schaute zum Fenster, als wollten sie dort hinaus entschwinden.

»Ja?« Baltes nahm Schwung und ergriff das Glas.

»Sie wollte mit mir eine Homestory machen. Mit allem Drum und Dran. Und weil sie zu diesen Gastrotipps verdonnert worden war, sollte es vor allem darum gehen, was ich gern esse und wie ich das alles zubereite.«

»In der Mikrowelle?«

»Wie bitte?« Sammy alias Stefan wirkte für einen Moment aus dem Konzept gebracht. »No way, wo denken Sie hin. Bald kriege ich einen smarten Küchenassistenten, mit Lieferservice und Kühlschrank verbunden, alles sprachgesteuert. Dem brauche ich nur zu sagen, welches Gericht auf YouTube er nachkochen soll, und voll schnell ist alles fix und fertig.«

»Und das sollte in die Reportage?«

»Natürlich nicht. Da sollte Landleben pur gezeigt werden, authentisch, Sie wissen schon. Die Leo wollte mich sogar am Stangenherd und beim Holzhacken fotografieren. Und der Restaurantmensch sollte als mein Coach mitmachen.«

»Der von Nummer neunzehn?« Baltes blickte in ein fragendes Augenpaar. »Ich meine, der Küchenchef des Hauses, wo Sie Frau Brantl-Barleigh getroffen haben?«

Müller di Mario nickte. »Bingo. Und der wollte ja auch. Aber dann doch nicht. Der hat plötzlich einen Rückzieher gemacht und was von Neidern erzählt, die er nicht auf den Plan rufen wollte mit so einer Geschichte. Er wollte partout seine Ruhe. Sie kennen das doch, in der Eifel hat man immer Angst, dass irgendwer neidisch wird, wenn man Erfolg hat.« Der Star grinste schief. »Deswegen stamme ich für die Fans ja auch aus Mönchengladbach … Die Leo hat ihn noch bezirzt, nach allen Regeln der Kunst. Hat wohl nichts genützt. Jedenfalls war sie dann weg.«

Baltes stand im Stau. Aber das machte ihm nichts aus. Ihm konnte nichts passieren, mit der Extraportion Stampes plus Bambusgabel im Mehrweggeschirr, das auf dem Beifahrersitz griffbereit stand. Auch handgemachte Pralinen hatte man ihm mitgegeben, als Trost oder zur Feier des Tages, je nach Ausgang der Ereignisse. Der eiskalte Hauch der Klimaanlage sorgte dafür, dass alles frisch blieb und die Sommerhitze kein Werk der bakteriellen Zerstörung anrichten konnte. Die Dienstausrüstung mit Waffe und Handschellen war auf dem Rücksitz verstaut, unsichtbar von außen. Nicht dass noch jemand auf dumme Gedanken käme, wenn er zwischendurch mal anhalten müsste.

Irgendwann löste sich der Stau auf, er fuhr weiter und fuhr und fuhr und fand im Parkhaus, welches sein Navi ihm angeraten hatte, tatsächlich einen freien Platz direkt an der Tür zum Treppenhaus. Einen Augenblick lang schwankte er zwischen Raufsteigen und Rauffahren, dann siegten die Schwerkraft des Eifeler Kartoffelbreis und die Bequemlichkeit. Sanft öffneten sich im achten Stock die Türen ins elegante Reich der Kreativen. Sein Dienstausweis wurde von einer sorgfältig gekämmten Pferdeschwanzträgerin und Inhaberin extralanger Fingernägel nicht mit Beunruhigung, sondern mit lässiger Professionalität zur Kenntnis genommen. Dann durfte er weitergehen, bis er vor der gläsernen Bürotür von Richard Horstbock stand.

Der empfing ihn mit freundlichem Bedauern. »Schade, dass Sie sich die Mühe gemacht haben, den ganzen langen Weg herzufahren. Ich kann Ihnen leider nichts anderes sagen, als das, was ich bereits Ihren hiesigen Kollegen gesagt habe.«

Baltes setzte sich, ohne dass ihm ein Stuhl angeboten worden wäre, und war froh über die körpergerechten Ausmaße dieses Büromobiliars. Keine Tote-Käfer-Stellung, sondern nüchterne Arbeitsatmosphäre. »Doch, können Sie. Erzählen Sie mir mehr über die Auswahl der Restaurants, die Ihre verstorbene Kollegin in der Eifel aufsuchte.«

»Das steht doch alles schon in den Akten. Auch das Chatprotokoll liegt vor und die Notizen, die sie anfangs noch geschickt hat, zu allen achtzehn Adressen.«

»Neunzehn. Es waren neunzehn.«

Horstbock zog die Stirn kraus. »Meinetwegen auch neunzehn. Was tut das zur Sache?«

»Die Notizen zu Nummer neunzehn dürften Sie sehr beunruhigt haben, nicht wahr?« Baltes lächelte milde wie ein Beichtvater.

»Ich weiß nicht, was Sie meinen, tut mir leid.« Der Chefredakteur fixierte den Kommissar.

»Der Küchenchef von Nummer neunzehn arbeitete, bevor er in die Eifel zurückkehrte, jahrelang auf einem Luxusliner, der durch die Karibik schipperte«, warf Baltes ein.

»Kann sein. Das tun viele in der Branche. Junge Leute nach der Ausbildung wollen raus in die Welt. Und dann merken sie, dass es auf dem Traumschiff vielleicht nicht immer traumhaft zugeht. Was soll's.«

»Auf dem speziellen Traumschiff, auf dem unser Zeuge sieben Tage die Woche Zehn-Stunden-Schichten arbeitete, wurde plötzlich die Stelle des Sous-Chefs vakant.«

»Ah ja?« Horstbock schaute gelangweilt zum Fenster raus. Wenn es klares Wetter gewesen wäre, hätte er wohl die Elphi sehen können.

»Um nicht zu sagen, sehr plötzlich. Denn der Sous-Chef ging über Bord.«

»Das ist äußerst bedauerlich, gerade in Zeiten des Fachkräftemangels.« Horstbock goss sich ein Glas Mineralwasser ein. »Möchten Sie auch etwas? Entschuldigen Sie, sicher hat man Ihnen noch nichts angeboten.«

»Danke, alles gut. Wie Sie wissen, komme ich sozusagen aus der Heimat der Mineralwässer, da hat man immer was im Auto.« Baltes lächelte höflich. »Unser Zeuge machte damals eine Beobachtung, die jedoch nicht weiterverfolgt wurde.«

Der Chefredakteur wiegte den Kopf und grinste. »Ja, Ihr Beruf ist überaus stressig, das kann man verstehen, da übersieht man schon mal einiges.«

»Nicht übersehen hat unser Zeuge, wer am Captains Dinner teilnahm.«

»Wie aufmerksam von ihm.«

»Genau. Und ihm ist auch nicht entgangen, dass

dieser jemand die Freundin des Sous-Chefs, die im Service arbeitete, zu vergewaltigen versuchte.«

»Das muss ein unangenehmer Zeitgenosse gewesen sein«, bemerkte Horstbock spitz. »Aber wollen Sie wirklich mit mir über misslungene Karibikkreuzfahrten reden?«

»Unter anderem. Aber eigentlich über Mord. Der Sous-Chef fiel nicht von allein vom Schiff.«

»Oh. Kein Unfall?«

»Nein.«

»Sicher?«

»Noch nicht. Aber unser Zeuge ist sicher. Und zwar, dass jener Herr am Captains Dinner nachgeholfen hat.«

»Wenn dem so wäre, hätte man die Aussage Ihres Zeugen doch garantiert weiterverfolgt.« Horstbock nestelte an seiner Notebook-Tastatur. »Hören Sie, ich müsste jetzt allmählich wirklich …«

Baltes stand auf, ging zur Tür und drehte sich um. »Dieser Herr waren Sie. Und Frau Brantl-Barleigh erzählte dem Zeugen jetzt, also fast ein Dutzend Jahre später, für wen sie diese Gastrotipps schrieb. Allerdings traf die an das globale Jetset gewöhnte Dame in der Eifel offenbar nicht immer den passenden Ton. Sodass unser Zeuge sie rauswarf mit Hinweis darauf, welche Erfahrungen er bereits mit

Ihnen gemacht hatte und dass er nie, nie, nie mehr etwas mit solchen Leuten zu tun haben wollte. Womit das spätere Opfer Sie unter Druck setzte, um wieder ihre heiß geliebten Star-Interviews schreiben zu können, andernfalls würde Sie auspacken. Woraufhin Sie sofort in die Eifel …«

»Das ist doch Quatsch!«, unterbrach ihn Horstbock scharf. »Zur Tatzeit war ich hier in meinem Büro, in Hamburg!«

Baltes stand noch immer vor der Tür. Ein Lächeln breitete sich in seinem Gesicht aus. »Ach wirklich? Wann war das denn?«

Aus dem Chefredakteur entwich ein Laut wie aus einem erschlaffenden Luftballon.

Der Kommissar nahm sein Handy aus der Hosentasche. »Sehen Sie, Herr Horstbock, allein der Täter weiß, an welchem Tag Ihre Mitarbeiterin erschlagen wurde. Nicht einmal die Obduktion hat nach all den Wochen im Wald, bis die Leiche gefunden wurde, die Todeszeit genau eingrenzen können.« Er tippte eine Nummer aufs Display. »Kolleg:innen, ihr könnt jetzt reinkommen«, sagte er ruhig.

Unter folgendem Link finden Sie sämtliche Websites zu allen Ausflügen!

www.gmeiner-verlag.de/images/ eifel_zum_fressen_gern_links.pdf

DIE EIFEL

01 Nideggen
02 Schmidt
03 Heimbach
04 Eifel Rursee
05 Mützenich
06 Monschau
07 Höfen
08 Kommern
09 Blankenheim
10 Alendorf
11 Bad Münstereifel
12 Wachendorf
13 Kirchheim
14 Burg Flamersheim
15 Altenahr
16 Dernau
17 Bad Neuenahr-Ahrweiler
18 Heppingen
19 Heimersheim
20 Remagen
21 Maria Laach
22 Mendig
23 Polch
24 Monreal
25 Mörz
26 Münstermaifeld
27 Wierschem
28 Roes
29 Brohl
30 Pommern
31 Hambuch
32 Kaisersesch
33 Leienkaul
34 Ulmen
35 Lutzerath
36 Hatzenport
37 Klotten
38 Cochem
39 Bad Bertrich
40 Wittlich
41 Dreis
42 Manderscheid
43 Meerfeld
44 Bettenfeld
45 Eisenschmitt
46 Immerath
47 Gillenfeld
48 Ellscheid
49 Schalkenmehren
50 Daun
51 Darscheid
52 Sarmersbach
53 Boos
54 Langscheid
55 Nürburg
56 Neroth
57 Gerolstein
58 Pelm
59 Hillesheim
60 Niederehe
61 Mirbach
62 Birgel
63 Buchet
64 Prüm
65 Schönecken

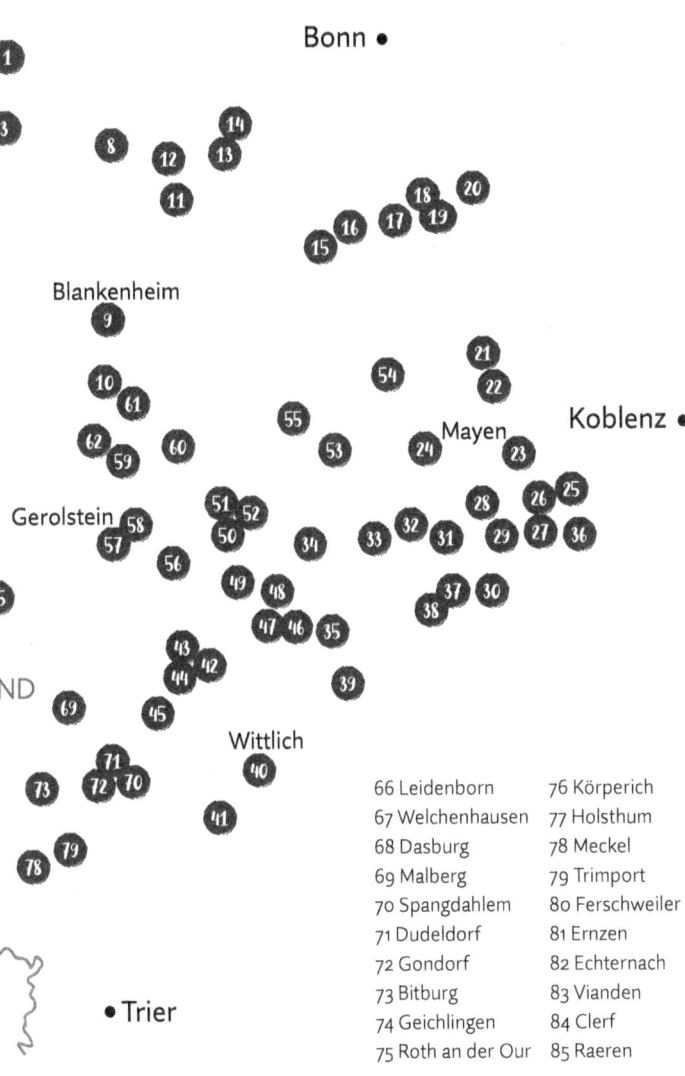

66 Leidenborn
67 Welchenhausen
68 Dasburg
69 Malberg
70 Spangdahlem
71 Dudeldorf
72 Gondorf
73 Bitburg
74 Geichlingen
75 Roth an der Our
76 Körperich
77 Holsthum
78 Meckel
79 Trimport
80 Ferschweiler
81 Ernzen
82 Echternach
83 Vianden
84 Clerf
85 Raeren

Koch, Angelika
Eifel für Fortgeschrittene
Die Wahrheit über Deutschlands
wilden Westen
224 Seiten, 11 x 18 cm,
Hardcover
ISBN 978-3-8392-2605-6

»Eifel für Fortgeschrittene« ist mehr als ein klassischer Reiseführer zu Maaren, Nordschleife oder Burg Eltz. Es ist ein journalistisches Lesebuch mit viel Humor: für neue Entdeckungen, für's Aha-Erlebnis und für alle, die glauben, dass sie die Eifel schon kennen. Hinter den Kulissen einer der beliebtesten deutschen Ferienregionen findet man urige Dialekte, echte Geheimtipps für Kultur- und Sportfans, witzige Querköpfe und eine Mutter Erde mit explosivem Temperament. »Eifel. Qualität ist unsere Natur!«
Regionalmarke Eifel

GMEINER KULTUR

WWW.GMEINER-VERLAG.DE
Mensch, Kultur, Region